Heike Raab
Foucault und der feministische Poststrukturalismus

D1729535

Heike Raab

Foucault und der
feministische Poststrukturalismus

edition ebersbach

Die Deutsche Bibliothek – CIP-Einheitsaufnahme

Raab, Heike:
Foucault und der feministische Poststrukturalismus / Heike Raab. –
1. Aufl. – Dortmund : Ed. Ebersbach, 1998
ISBN 3-931782-96-4

1. Auflage 1998
© edition ebersbach, Dortmund
Druck & Bindung: Wilfried Niederland, Königstein
Alle Rechte vorbehalten
Printed in Germany

Inhalt

Vorwort

Die gegenwärtige Situation feministischer Theorie ist geprägt von der Kritik an den bislang gängigen feministischen Theorieansätzen. Es ist von der Krise der Kategorien[1] feministischer Theoriebildung die Rede, mitunter sogar von der Krise des Feminismus. Allerdings ist die aktuelle Debatte im Gegensatz zur „Gleichheit-Differenz" Diskussion der achtziger Jahre, nicht allein von der Existenz zweier unterschiedlicher feministischer Positionen geprägt. Anders als die bisherigen innerfeministischen Auseinandersetzungen kennzeichnet die derzeitige Debatte stärker methodische und generationspezifische Differenzen[2], die in Verbindung mit der Kritik am dominanten „weißen Mittelstandsfeminismus" von bisher eher marginalisierten feministischen Positionen, eine grundlegende Erneuerung feministischer Theorie und Praxis einfordert. Im Mittelpunkt dieser innerfeministischen Kritik am geläufigen feministischen Theoriemodell steht die Infragestellung der bisher unhinterfragten Prämissen feministischer Theorie und Praxis, die Kategorie „Geschlecht" und das feministische Subjekt, die Kategorie „Frau". Unter Verwendung sprachtheoretischer bzw. poststrukturalistischer Theorieansätze kritisiert diese feministische Strömung, für die sich allgemein die Bezeichnung feministischer Poststrukturalismus durchgesetzt hat, zum einen an der Kategorie „Geschlecht" die mangelnde Konzeptionalisierung des Körpers. Die Unterscheidung der Kategorie „Geschlecht" in sex (biologisches Geschlecht) und gender (soziales Geschlecht) ist für feministische Poststrukturalistinnen hinfällig, da diese feministische Position von der diskursiv-kulturellen Konstruktion auch des biologischen Geschlechts ausgeht und damit die Grundstruktur der angeblich natürlichen Zweigeschlechtlichkeit elementar in Frage stellt.[3] Zum anderen wird an dem feministischen Subjekt, der Kategorie „Frau", kritisiert, daß dieser Begriff durch die Annahme eines prädiskursiven, universellen und einheitlichen, weiblichen Subjekts, die Unterschiede unter Frauen nicht berücksichtigen kann und darüber hinaus seine eigenen Konstitutionsmodi nicht reflektiert. Denn für feministisch poststrukturalistische Theoretikerinnen konstituiert sich das Subjekt immer innerhalb eines diskursiv-kulturellen Kontextes, d. h. ein Subjekt wird in und durch Sprache hervorgebracht. Somit gibt es für feministische Poststrukturalistinnen weder eine sich außerhalb gesellschaftlicher Verhältnisse begründende Form von Subjektivität, noch ein jenseits aller Kulturen existie-

---

[1]Vgl. gleichlautender Titel der: *Facetten feministischer Theoriebildung*, Materialienband 14, Frankfurt 1994: „Zur Krise der Kategorien".

[2]Vgl. *Feministische Studien* 2/1993, Themenheft: Kritik der Kategorie Geschlecht, S. 3.

[3]Vgl. E. Haas (Hg.), *Verwirrung der Geschlechter*, München 1995, S. 8.

rendes universal, homogenes feministisches Subjekt. Diese, methodisch am französischen Poststrukturalismus orientierte, innerfeministische Kritik an den Prämissen feministischer Theoriebildung beanstandet demnach die bisher fundamentalen kategorialen Voraussetzungen des feministischen Theorierahmens. Mit anderen Worten: Der aktuelle Standpunkt des feministischen Poststrukturalismus resultiert aus einer innerfeministischen Kritik an den beiden grundlegenden feministischen Begrifflichkeiten, der Kategorie „Geschlecht" und der Kategorie „Frau".

Vorliegende Arbeit verfolgt nun das Ziel, den theoretischen Einfluß von Michel Foucault auf diese gegenwärtige Position des feministische Poststrukturalismus darzulegen. Denn meiner Meinung nach bildet die von Foucault in seinen genealogischen Studien entwickelte Macht-, Subjekt-, Körper- und Sexualitätstheorie das wesentliche theoretische Fundament für die Argumente feministisch poststrukturalistischer Theoretikerinnen gegen die geläufigen feministischen Kategorien. Im Zentrum der Foucault-Rezeption durch den feministischen Poststrukturalismus stehen dabei die machttheoretischen Äußerungen des Autors, dessen Ansatz der diskursiven Produktion des Subjekts, im Zusammenhang mit der von ihm propagierten Dezentralisierung des Subjekts, sowie seine Denaturalisierung von Körper und Sexualität. Um innerhalb dieses Kontextes den Einfluß von Foucault auf feministisch poststrukturalistische Theorie belegen zu können, ist folgende Einteilung meiner Untersuchung vorgesehen:

So wird es in Kapitel 1 zunächst darum gehen, den theoretischen Background von Foucault vorzustellen. Beabsichtigt ist hierbei eine chronologische Vorgehensweise. D. h. es wird, ausgehend von der Entwicklung der strukturalen Linguistik, auf die Übertragung dieser Theorie in die Gesellschaftswissenschaften eingegangen. Im Anschluß an diese Darstellung des „klassischen" Strukturalismus erfolgt dann die Vorstellung des poststruktralistischen Theorierahmens, der wiederum den theoretischen Bezugspunkt von Michel Foucault darstellt.

Das darauffolgende Kapitel 2 beabsichtigt die Darlegung der politischen Theorie von Michel Foucault. Da die Weiterverarbeitung der Foucaultschen Theorie durch den feministischen Poststrukturalismus hauptsächlich auf den genealogischen Ausführungen des Autors beruht, wird sich die Beschreibung von Foucaults politischer Theorie auf diesen Aspekt seines Oeuvre beschränken. Allerdings erfolgt die Präsentation der politischen Theorie von Foucault unter Berücksichtigung der persönlichen Intentionen des Autors, da Foucault einerseits nie explizit auf feministisches Denken eingegangen ist, und andererseits die Foucault-Rezeption des feministischen Poststrukturalismus, meiner Ansicht zufolge, als eigenständige Weiterentwicklung anzusehen ist. Ferner sei darauf hingewiesen, daß nicht zuletzt wegen Foucaults dichter Schreibweise und metaphorischem Sprachgebrauch beabsichtigt ist, den Autor häufig selbst zu Wort kommen zu lassen. Auf diese Weise soll den immer wieder in der Diskussion um Foucault auftauchenden Fehldeutungen und Mißverständnissen entgegengewirkt werden.

Kapitel 3 handelt von der feministischen Kritik an den Schriften von Michel Foucault. Im Vordergrund der feministischen Auseinandersetzungen um Foucault stehen dabei die Geschlechterindifferenz des Autors, sowie grundlegende Zweifel feministischer Theoretikerinnen am Nutzen poststrukturalistischer Theorienansätze für feministische Theorie.

In Kapitel 4 wird anhand einiger Abhandlungen feministischer Poststrukturalistinnen, in Verbindung mit deren Kritik, am hegemonialen feministischen Theoriemodell der Einfluß von Foucault auf diesen feministischen Theoriezweig aufgezeigt.

Das Schlußkapitel wird dann noch einmal auf die Kritik des feministischen Poststrukturalismus, im Sinne eines Resümees des bisher Gesagten, eingehen. Dabei sollen unter Berücksichtigung einer eigenen Bewertung die Chancen und Risiken dieses Theorieansatzes beurteilt werden.

1 Poststrukturalismus

1.1 Was ist Poststrukturalismus?

Dieses Kapitel beabsichtigt eine erste Annäherung an Foucault, indem es die theoretischen Grundlagen seines Oeuvre darlegt. Im wesentlichen handelt es sich dabei um die Entstehung und Weiterentwicklung des „klassischen" Strukturalismus, sowie dessen Kritik durch den Poststrukturalismus. Desweiteren ist aufbauend darauf eine Vorstellung poststrukturalistischer Forschungsansätze und deren gemeinsamen theoretischen Berührungspunkte beabsichtigt.

So wird es zunächst darum gehen, die strukturelle Betrachtungsweise zu erfassen, wie sie die Linguistik entwickelt hat. Daran anschließend wird die Übertragung dieser Methode der Sprachwissenschaft auf andere Gesellschafts- und Geisteswissenschaften vorgestellt. Schließlich wird dann, ausgehend von der Kritik am klassischen Strukturalismus durch den Poststrukturalismus, auf die sehr verschiedenartigen theoretischen Positionen des Poststrukturalismus, sowie deren Gemeinsamkeiten eingegangen. D. h. es ist eine chronologisch orientierte Darlegung der wissenschaftlichen Voraussetzungen von Foucaults Theorierahmen beabsichtigt.

Da der gemeinsame Ausgangspunkt für alle drei strukturalistische Varianten die Strukturanalyse des Schweizer Linguisten Ferdinand de Saussure (1857-1913) ist[4], kann allgemein die Linguistik als Ursprung des Strukturalismus wie auch des Poststrukturalismus angesehen werden.[5] Aus diesem Grund wird im folgenden mit dem theoretischen Ansatz von Saussure begonnen.

Saussures Leistung liegt darin, die Sprache als Zeichensystem (Semiologie) verstanden zu haben. Seine Sprachtheorie beginnt mit der Neubestimmung des Zeichens in der gesprochenen Sprache. Die bisherige Auffassung, der zufolge ein Zeichen ein Ding repräsentiert, ist für Saussure problematisch geworden. Für Saussure besitzt ein Zeichen eine „Doppelheit": Das Sprachzeichen verbindet nicht ein Ding und einen Namen, sondern eine Vorstellung und ein Lautbild. Gewöhnlich versteht man unter einem Sprachzeichen nur den Laut oder den Ausdruck. Saussure bricht mit dieser gängigen Terminologie. Zwischen den Lauten und dem Begriff gibt es ein Bedingungsverhältnis, das für alle Sprachzeichen charakteristisch ist.

---

[4]Vgl. A. Hügli, P. Lübcke (Hg.), *Philospohie im 20. Jahrhundert*, Band 1, Hamburg 1994, S. 515ff.
[5]Vgl. G. Deleuze, *Woran erkennt man den Strukturalismus*, Berlin 1992, S. 8.

Das Sprachzeichen ist eine Einheit mit zwei Seiten. Um die innere Verbindung hervorzuheben, nennt Saussure den Laut *le signifiant* (das Bezeichnende, oder Ausdruck) und den Begriff *le signifiè* (das Bezeichnete, oder Inhalt).[6] Die Verbindung zwischen den zwei ungleichartigen Elementen Laut (Ausdruck) und Begriff (Inhalt) ist willkürlich. Es gibt kein natürliches oder vorgegebenes Verhältnis zwischen dem Ausdruck und dem Begriff. Das die Beziehung zwischen Ausdruck und Inhalt willkürlich ist, bedeutet, daß das Zeichen selbst eine gesellschaftliche und geschichtliche Größe ist. Sie ist eine Frage der gesellschaftlichen Konvention. Dies darf aber nicht als bewußte Übereinkunft oder Wahl verstanden werden, sondern als unbewußte, kollektive Bildung und Annahme. Die Willkürlichkeit des Zeichens beinhaltet, daß es als Zeichen in der Sprache nicht „von außen her" bestimmt ist, denn Bedeutung ist nichts den Dingen eigenes, immanentes. D. h. Sprache bildet nicht die Realität ab, sondern umgekehrt Realität konstituiert sich durch Sprache.

Was das Zeichen als eine konkrete Verbindung von Ausdruck und Inhalt bestimmen kann ist allein, daß es im Verhältnis zu anderen Ausdrucks- und Inhaltsgrößen innerhalb der Sprache abgegrenzt und gekennzeichnet ist. Und das besagt, daß das Zeichen seinen Wert allein durch „innere" Beziehungen in der Sprache erhält. Das Sprachzeichen ist also keine selbständige, isolierte Einheit, welche an sich Bedeutung hat. Genauer formuliert, konstituiert sich das Zeichen durch das, was es von anderen Zeichen trennt. Es ist daher differentiell bestimmt.[7] Mit anderen Worten: Die Verbindung zwischen Ausdruck und Inhalt beruht auf einer Differenz (*differènce*) zu anderen Zeichen in der Sprache.

Die Bedeutung der Differenz in Saussures Sprachtheorie ergibt sich ferner daraus, daß die Grenzen der Spielräume für Variationen in der Aussprache bestimmt sind durch den Anspruch, den Ausdruck von anderen Ausdrücken unterscheiden zu können. Dieser Punkt stellt eine zentrale These in Saussures Sprachtheorie dar: die Bestimmung der Sprache als System. Die Sprache kann als ein System innerer Unterschiede und damit innerer Abhängigkeitsverhältnisse gesehen werden.[8] Die Sprache als System nennt Saussure *la langue*, wel-

---

[6]Vgl. A. Hügli, P. Lübcke (Hg.) ebenda, S. 516 ff.

[7]Vgl. F. de Saussure, *Grundfragen der allgemeinen Sprachwissenschaft*, Berlin 1967.

[8]Vgl. A. Hügli, P. Lübcke (Hg.), a. a. O, S. 518; Ich denke an dieser Stelle wird der Bruch mit der bisherigen historischen (diachronischen) Sprachtheorie besonders deutlich. Bei Saussure wird Bedeutung der Sprache aus ihrer inneren Organisation heraus erklärt, und nicht als Abbild äußerlicher Realität. Zur Terminologie: In den Sprachwissenschaften wird zwischen einem diachronischen, d. h. historischen Ansatz und einer synchronischen, d. h. einer systemimmanenten Sprachanalyse unterschieden. Siehe dazu: „*alternative*" Nr. 62/63, 1968, Schwerpunkt

ches er dem faktischen Sprachgebrauch, *la parole* (dem Sprechakt), gegenübergestellt. Das Sprachsystem wird vom faktischen Sprachgebrauch vorausgesetzt. Der einzelne Mensch kann sich nur mitteilen, in dem er den Code gebraucht, den das Sprachsystem ausmacht. *La langue* ist das Sprachgebäude, welches die formalen Möglichkeiten für die Ausübung der Sprache festlegt. Eine Ordnung, die gleichsam im Untergrund der Redehandlung ihr Gesetz aufprägt.[9] Damit jedoch wird dem Subjekt ein prekärer Platz zugewiesen. Es ist nicht mehr der Ort der souveränen Rede, sondern es kann sich nur innerhalb des vorgegebenen Sprachsystems artikulieren. Es läßt sich also sagen, für Saussure ist Sprache ein Regelsystem für den Sprachgebrauch und kein neutrales Transportmittel für Botschaften.

Als Regelsystem für den Sprachgebrauch ist das Sprachsystem eine gesellschaftliche Institution[10] mit eigenständigem Realitätsgehalt. Auf diese Weise gelingt es Saussure nicht nur den konstituierenden Charakter von Sprache nachzuweisen, sondern auch, daß Sprache als vorwiegend unbewußte Realität dennoch soziale Gegebenheit schlechthin ist, die individuelles Sprechen strukturiert.[11] Da für Saussure die Sprache nur Teil anderer menschlicher Zeichensysteme ist, d. h. die Linguistik der Semiologie zuordnet, ist damit bereits die Möglichkeit vorgegeben, die strukturelle Betrachtungsweise der Linguistik auf andere Gesellschafts- und Geisteswissenschaften zu übertragen.

Claude Levi-Strauss (geb. 1908) kann als Begründer dieser strukturellen Methode angesehen werden. Er hat als erster auf systematische Weise die Strukturanalyse von der Linguistik auf die Soziologie, genauer die Ethnologie, übertragen.[12] Ausgangspunkt für diese Übertragung ist die Hypothese, daß das soziale Leben wie eine Sprache strukuriert ist, d. h. Gesellschaft wird als Austausch von Zeichen verstanden.[13] Ebenso wie bei Saussure erklärt sich für Levi-Strauss die Bedeutung eines sozialen Zeichens aus dem Effekt differentieller Beziehungen zu anderen Zeichen. Dies gilt nicht nur für die im engeren Sinne sprachlichen Systeme, sondern für alle nicht-sprachlichen Sinn-Systeme, deren Gesetze die menschliche Interaktion regieren. Mit anderen Worten: Die Gesamtheit aller menschlichen Zeichensysteme funktioniert nach dem universellen System der Saussureschen *la langue*.[14]

„Strukturalismus", S. 227 und H. Amborn, Strukturalismus. Theorie und Methode, in: H. Fischer (Hg.), *Ethnologie - Einführung und Überblick*, Berlin 1988, S. 348.

[9]Vgl. M. Frank, *Was ist Neostrukutralismus*, Frankfurt 1984, S. 41.

[10]Vgl. A. Hügli, P. Lübcke (Hg.), a. a. O., S. 519.

[11]Vgl.G. Schiwy, *Der französische Strukturalismus*, Hamburg 1984, S. 39-41.

[12]Vgl. E. Leach, *Levi-Strauss - Zur Einführung*, Hamburg 1991, S. 54-55.

[13]Vgl. V. Descombes, *Das Selbe und das Andere*, Frankfurt 1981, S. 113-114.

[14]Vgl. M. Frank, *Was ist Neostrukutralismus*, Frankfurt 1984, S. 49.

Daraus folgt: Sprachen wie gesellschaftliche Strukturen können nicht von der Inhaltsseite – von den materiellen Eigenschaften ihrer Elemente – her begriffen werden, sondern nur, in dem man diese Elemente als Werte – als Funktionen eines Systems – aus reinen Beziehungen begreift.[15]

Die Übertragung der strukturellen Linguistik findet an dieser Stelle statt. Tätigkeiten und Handlungen einer Gesellschaft mit den kulturellen und intellektuellen Prozessen, durch die diese Gesellschaft ihr Selbstverständnis artikuliert, sind nicht gleichsam von selbst oder durch natürliche Abbildung zusammenhängend, sondern werden es erst durch Struktur.[16]

Für gesellschaftliches Zusammenleben bedeutet dies, daß es durch ein Gesamtsystem von Regeln und Gewohnheiten, einem Code, organisiert ist. Jede Gesellschaft verfügt über eine Vielzahl ganz verschiedenartiger Codes: Kleider, Speisen, Verwandschaftsbeziehungen, Gesten, Mythen etc. Sie alle werden nach der strukturellen Methode nicht nach ihrem Inhalt, sondern nach den Funktionen, die sie in einer gegeben Gesellschaft ausüben, analysiert. So können z. B. im Falle der Mythen in „primitiven Gesellschaften" die Inhalte der Erzählungen stark differenzieren, erfüllen aber für die verschiedenen Gemeinschaften die gleiche Funktion.[17] Ausgangspunkt für Levi-Strauss ist die von Freud beeinflußte These, daß die tragenden kollektiven Strukturen, die die verschiedenen Individuen verbinden, unbewußt sind. Das Unbewußte ist ein Symbolsystem, ein System der Kommunikation, welches das soziale Feld bestimmt.[18] Die Existenz einer unbekannten Größe, die dem Bekannten Ordnung gibt, eines Unbewußten, das allem Bewußten Struktur verleiht, ist als zentraler Punkt in der Theorie von Levi-Strauss anzusehen.[19] D. h. auch bei Levi-Straus wird das sich seiner selbst bewußte Subjekt angegriffen. Am Schalthebel der Organisation einer Struktur sitzt nicht das Subjekt. Unbewußte Regeln von Codes bestimmen das soziale Leben. Da er, ähnlich wie Saussure und dessen Regelsystem der Sprache, allgemeingültige universelle Gesetzmäßigkeiten des menschlichen Geistes belegen will, fragt er damit letzten Endes nach dem unbewußten Charakter kollektiver Phänomene, nach der universalen Struktur eines angenommenen unbewußten Geistes der Menschheit.[20]

---

[15]Vgl. M. Frank, ebenda, S. 51.

[16]Vgl. M. Frank, ebenda, S.53.

[17]Vgl. C. Levi-Strauss, *Strukturale Anthropologie*, Frankfurt 1989; ders., *Das Wilde denken*, Frankfurt 1992.

[18]Vgl. A. Hügli, P. Lübcke (Hg.), *Philosophie im 20. Jahrhundert*, a. a. O., S. 526; G. Schiwy, *Der französische Strukturalismus*, Reinbek 1984, S. 37 und S. 47.

[19]Vgl. G. Schiwy, *Der französische Strukturalismus*, a. a. O., S. 37.

[20]Vgl. E. Leach, Levi-Strauss, a. a. O., S. 67; M. Frank, *Was ist Neostrukturalismus*, a. a. O., S.49.

Die kritische Absetzbewegung vom „klassischen Strukturalismus" beginnt Ende der der Sechziger Jahre unter dem Eindruck der im Zuge der Studentenunruhen von 1968 entstehenden politischen Auseinandesetzungen, und wird allgemein mit dem Namen Poststrukturalismus bezeichnet. Von Vertretern dieser Richtung wird besonders das Bestreben des „klassischen Strukturalismus" moniert, transkulturelle, ahistorische, abstrakte Gesetze zu entdecken, die den immer gleichen Rahmen für die möglichen Permutationen der gegebenen Elemente definieren.[21] Dadurch aber kann, nach poststrukturalistischer Ansicht, sozialer Wandel nicht hinreichend erklärt werden. Demzufolge steht im Mittelpunkt der Kritik des Poststrukturalismus die Infragestellung des Strukturbegriffs des klassischen Strukturalismus. Denn für den sogenannten Poststrukturalismus zersetzen sich die Strukturen auch der Form nach, die Veränderungen sind mehr als nur Transformationen des Immergleichen. Behauptet der klassische Strukturalismus noch, was sich in einer Struktur verändert, sind allenfalls die inhaltlichen oder bedeutungsmäßigen Zuschreibungen, nicht die Ordnungen der Werte selbst, so radikalisiert der Poststrukturalismus den Strukturbegriff insofern, als er eine in sich geschlossene und von Regeln kontrollierte Struktur von Zeichen anficht. Die Struktur des Poststrukturalismus kennt kein abgeschlossenes System mehr, es gibt keine Begrenzung, sie ist unendlich vielen Transformationen zugänglich.[22] Im Gegensatz zum Strukturalismus betont der Poststrukturalismus damit die Diskontinuität, d. h. den Wandel der Strukturen. Dies geschieht durch eine radikale Dezentralisierung und Pluralisierung des Strukturbegriffs. Gleichwohl wird die Theorie der Linguistik von Saussure übernommen, ebenso die Idee der Übertragung der strukturalen Linguistik auf soziale Phänomene durch Levi-Strauss. In Hinsicht auf die Positionierung des Subjekts existiert somit Übereinstimmung, auch für die Vertreter des Poststrukturalismus konstituiert sich das Subjekt durch ein wie die Sprache organisiertes Zeichensystem.

Ist die Auseinandersetzung um dem Strukturalismus noch weitgehend durch ähnliche Standpunkte gekennzeichnet, so ist der Poststrukturalismus selbst ein sehr heterogenes Phänomen.

Trotz des gemeinsamen theoretischen Hintergrundes besteht der sogenannte Poststrukturalismus aus einer Vielzahl unterschiedlicher Forschungsfelder, sowie verschiedenartiger methodischer Ansätze.

Als die exponiertesten Vertreter mit poststrukturalistischer Methode seien hier Lacan, Derrida und Foucault genannt. So interpretiert der Psychoanalytiker Lacan die Freud'sche Psychoanalyse neu, indem er die Psychoanalyse und

---

[21]Vgl. H. Dreyfus, P. Rabinow, *Michel Foucault*, Weinheim 1994, S. 40 und S. 80.
[22]Vgl. M. Frank, *Was ist Neostrukturalismus*, a. a. O., S. 37-102.

die strukturale Linguistik miteinander verbindet. Die symbolische Ordnung in Lacans Theorie ist die gesellschaftliche und kulturelle Ordnung, die wiederum mit der sprachlichen Ordnung identisch ist. Da für ihn die symbolische Ordnung der Ort ist, an dem sich die Subjektwerdung vollzieht, konstituiert sich in der Lacanschen Theorie das Subjekt in und durch Sprache. Gemäß dieser Prämissen entwickelt er das Freudsche Konzept der Subjektkonstitution auf poststrukturalistischer, das bedeutet auf sprachtheoretischer Basis, weiter. Derrida hingegen entwickelt mit seinem Konzept der *différance* und der Methode der Dekonstruktion eine poststrukturalistische Version der Textanalyse. Wobei auch dieser poststrukturalistische Theoretiker Text bzw. Schrift mit Sprache gleichsetzt. Für Derrida lokalisiert sich Bedeutung von Zeichen in einem unendlichen Prozeß von Textualität. Dabei ersetzt er die noch bei Saussure vorhandene Verbindung von Signifikat und Signifikant, durch das Konzept von *différance*. Dieses Kunstwort von Derrida betont die grundlegende Differenz zwischen Inhalt und Ausdruck. Mit diesem Konzept will er den grundsätzlich offenen und prozeßhaften Charakter von Bedeutung betonen, der immer Neuinterpretationen und Veränderungen zuläßt. Damit wird aus Saussures Konzept von Sprache als System, in dem jedes Zeichen eine feste Bedeutung hat, im Poststrukturalismus ein freies Spiel der Bedeutungen. Signifikaten und Signikanten sind einem endlosen Verschiebungsprozeß unterworfen. Der weitere Ansatz von Derrida, die Methode der Dekonstruktion, stellt eine Kritik des abendländischen wissenschaftlichen Diskurses dar. Die Denksysteme der westlichen Kultur beruhen nach Derrida auf binär und hierarchisch geordneten Diskursformationen. Das Aufbrechen dieser hierarchisch geordneten Gegensatzpaare will er über die Dekonstruktion, d. h. durch Dezentralisieren und Pluralisieren der binär geordneten Bedeutungen erreichen.[23] Dekonstruktion bedeutet demzufolge für Derrida eine auf Dezentralisierung und Pluralisierung beruhende spezifische Form der Textanalyse und ist damit als eine poststrukturalistische Variante des kritischen Querlesens zu verstehen.

In den Schriften Foucaults wiederum werden die poststrukturalistischen Prinzipien der Vielfalt und der ständigen Verschiebung von Bedeutung, sowie die Lehre der Konstituierung des Subjekts durch Sprache in eine Theorie des Diskurses und der gesellschaftlichen Macht integriert. Insofern steht bei Foucault der diskontinuierliche Wandel historisch gegebener Diskursformationen, d. h. die sich verändernden Regelformationen einer historisch gegeben sprachlichen Ordnung, im Kontext einer jeweils gegeben Gesellschaft, im Vor-

---

[23]Vgl. C. Weedon, Poststrukturalismus und Feminismus, S. 25-43, in: *Facetten feministischer Theoriebildung*, Materialienband 11, Frankfurt 1992; L. Lindhoff, *Einführung in die feministische Literaturtheorie*, Stuttgart 1995.

dergrund. Demzufolge versteht Foucault Sprache als gesellschaftliches Organisationsprinzip, in der soziale Dinge wie z. B. Normen und Werte einer Gesellschaft durch historisch spezifische Diskurse produziert werden. Besondere Aufmerksamkeit richtet Foucault in diesem Zusammenhang auf die institutionellen Auswirkungen des Diskurses und seine Rolle bei der Konstitutierung und Beherrschung einzelner Subjekte.[24] Im Zentrum seiner Analyse steht dabei die kritische Untersuchung von institutionalisierten Wissenschaftsdiskursen, sozialen Machtverhältnissen und deren Bedeutung bei der diskursiven Produktion von Subjekt, Körper und Sexualität.

Gemeinsames Programm all dieser poststrukturalistischen Theoretiker und deren sehr heterogenen Forschungsfelder ist die Kritik an dem, was poststrukuralistische Vertreter die klassische episteme nennen,[25] in der es im wesentlichen um die Infragestellung herkömmlicher Denk-, Schreib- und Repräsentationsweisen des erkenntnistheoretischen Modells und dessen impliziten Voraussetzungen seit Beginn der Neuzeit geht:[26]

1.   Angriff auf die Kategorie des souveränen Subjekts. Es wird eine radikale Dezentralisierung des Subjekts vorgenommen. Im Zentrum dieser Kritik steht das neuzeitliche epistemologische Subjekt bzw. der kartesianische Subjektbegriff. Die poststrukturalistische Subjektkritik versteht die Reduktion des kartesianischen Cogito eines auf Bewußtsein reduziertes Wissenssubjektes als soziales Konstrukt, das seine eigenen Entstehungsbedingungen verschleiert. Im Bewußtmachen der unbewußten Strukturen und historischen Zusammenhänge der Konstitutionsprozesse der Subjektwerdung sehen poststrukturalistische Ansätze eine Möglichkeit, das Subjekt und die damit verbundene klassische episteme aus dem Gefängnis des eigenen Selbstbewußtseins[27] zu befreien. Gleichzeitig soll dadurch die homogene Einheit des abendländischen Subjekts aufgebrochen und dezentralisiert werden, indem sich das Subjekt für die poststrukturalistischen Theoretiker innerhalb verschiedenartiger, sozialer, durch Sprache strukturierter Codes konstituiert.

---

[24]Vgl. C. Weedon, *Wissen und Erfahrung*, Zürich 1990, S. 138.
[25]Vgl. M. Frank, *Was ist Neostrukturalismus*, a. a. O., S. 39-40.
[26]Vgl. S. Benhabib, Kritik des postmodernen Wissens - Eine Auseinandersetzung mit Jean-Francois Lyotard, S. 103 - 128, in: A. Huyssen, K. R. Scherpe, *Postmoderne*, Reinbek 1986.
[27]Vgl. S. Benhabib, ebenda, S. 106.

2. Angriff auf ein Denken in den Kategorien der Geschichte. Dies bedeutet Zweifel an einer teleologischen, d. h. auf Kontinuität und Fortschritt beruhenden Geschichtsauffassung. Hier dominiert die Kritik an den seit der Aufklärung vorherrschenden Geschichtsphilosophien, die die historische Erzählung gewaltsam in ein Schema der Einheit, Homogenität und Linearität zwängen will, wodurch die Fragmentierung, die Heterogenität und besonders die verschiedenen Perspektiven der in die historischen Ereignisse involvierten unterschiedlichen Gruppierungen ausgelöscht werden.

3. Ablehnung einer auf den Vorrang des Sinns gestützten Hermeneutik, für einen erkenntnistheoretischen und kulturbedingten Relativismus.[28] Im wesentlichen ist dieser Standpunkt von der Absage an die herkömmliche historische (diachronischen) Sprachtheorie gekennzeichnet. Für poststrukturalistische Theoretiker ist die Bedeutung eines Wortes nicht identisch mit dem, was es bezeichnet, und Sprache verweist nicht auf objektiv existierende Verhältnisse. Sinn und Bedeutung eines epistemologischen Gegenstandes ergibt sich unter Bezugnahme des sozialen Kontextes. Für die poststrukturalistische Verfahrensweise bedeutet dies, daß sich Sinn in einem historisch gegeben sozialen System von Strukturen, Oppositionen und Differenzen herstellt.

---

[28]Vgl. G. Schiwy, *Poststrukturalismus und „Neue Philosophen"*, Hamburg 1986, S. 10-19.

2 Die politische Theorie von Michel Foucault

2.1 Denkbewegungen

Der gegenwärtig bekannteste und vielfach umstrittenste Vertreter der poststrukturalistischen Strömung ist Michel Foucault (1926-1984). In zum Teil lyrisch metaphorischen Schriften prophezeit der Wissenschafts- und Kulturhistoriker das Verschwinden des Menschen „wie am Meeresufer ein Gesicht im Sand"[29] und fordert ein neues Denken „in der Leere des verschwundenen Menschen"[30]. Sätze wie diese sorgen nicht nur bisweilen für Verwirrung bei der Leserschaft, sondern, verbunden mit ungewöhnlichen Forschungsfeldern und befremdlichen Thesen, für eine kaum noch überschaubare Rezensions- und Rezeptionslage. Erschwert wird diese Situation durch das Feld jener oftmals polarisierten Kontroversen, die von dem immer wieder behaupteten Gegensatz von kritischer Gesellschaftstheorie und Poststrukturalismus bestimmt ist.[31] Auch in der Beurteilung von Foucaults Oeuvre bestehen Differenzen. So reicht die Palette der Interpretationen von der Sichtweise einer sich ständig verändernden Theorie, eines irritierend beweglichen und diskontinuierlichen *work in progress*[32], bis hin zur Präsentation seines Werkes als einheitlich integriertes, geschlossenes System.[33] Foucault selbst beschreibt sein Werk als eine Reihe von theoretischen Verschiebungen:

„Eine theoretische Verschiebung hatte sich mir aufgedrängt, um das zu analysieren, was man oft als den Fortschritt der Erkenntnis bezeichnet: sie hatte mich dazu geführt, nach den Formen von Diskurspraktiken zu fragen, die das Wissen artikulieren. Es hatte einer weiteren theoretischen Verschiebung bedurft, um das zu analysieren, was man häufig als die Manifestationen der Macht beschreibt: diese Verschiebung hatte mich veranlaßt, mehr nach den vielfältigen Beziehungen, den offenen Strategien und den rationalen Techniken zu fragen, die die Ausübung der Mächte artikulieren. Jetzt scheint es nötig, eine dritte Verschiebung vorzunehmen, um das zu analysieren, was als das Subjekt bezeich-

---

[29]M. Foucault, *Die Ordnung der Dinge*, Frankfurt 1991, S. 462.

[30]M. Foucault, ebenda, S. 412.

[31]Vgl. Sigrid Weigel (Hg.), *Flaschenpost und Postkarte*, Wien 1995, S. 3.

[32]Vgl. H. Fink-Eitel, *Foucault - Zur Einführung*, Hamburg 1992, S. 13.

[33]Vgl. G. Deleuze, Foucault, Frankfurt 1992; H. Dreyfus/P. Rabinow, *Michel Foucault*, Weinheim 1994. Diese beiden Autoren betonen mehr die Kontinuität und Verbindung in Foucaults Werk.

net wird; es sollte untersucht werden, welches die Formen und die Modalitäten des Verhältnisses zu sich sind, durch die sich das Individuum als Subjekt konstituiert und erkennt. Nach dem Studium der Wahrheitsspiele in ihrem Verhältnis zueinander – am Beispiel einiger empirischer Wissenschaften im 17. und im 18. Jahrhundert – und nach dem Studium der Wahrheitsmechanismen im Verhältnis zu den Machtbeziehungen – am Beispiel der Strafpraktiken – schien sich mir eine andere Arbeit aufzudrängen: Das Studium der Wahrheitsspiele im Verhältnis seiner selber zu sich und der Konstitution seiner selber als Subjekt ...“[34]

Analog zu den im Laufe seiner Entwicklung sich wandelnden Gewichtungen und Konzeptionen werden Foucaults Schriften allgemein in drei methodisch wie inhaltlich differierende Themenschwerpunkte eingeteilt:

In den sechziger Jahren entfaltet Foucault das Projekt der Archäologie[35], eine Theorie über Diskurs- und Wissensformen. Es handelt sich dabei um eine neue Form der Geschichtsschreibung[36] auf der Grundlage einer diskurstheoretischen Kritik der Entstehung der modernen Humanwissenschaften und dem damit verbundenen Auftauchen des abendländischen Subjektbegriffs.

In den siebziger Jahren entwickelt Foucault eine Theorie der Genealogie, die eine Theorie der Machtpraktiken ist. Die Frage ob Korrelationen zwischen einer politischen Ordnung, deren Institutionen und einem bestimmten Denkmodell hergestellt werden können, bildet den Ausgangspunkt für diese Machttheorie.[37] Durch die genealogische Methode entwickelt Foucault in verblüffender Weise bislang völlig vernachlässigte Phänomene moderner Herrschaft. Die von ihm sogenannte „Bio-Macht“ erzeugt auf produktive Weise konformistisches Verhalten von Subjekten zum Zwecke der Herrschaftsabsicherung.[38] Im Mittelpunkt der „Bio-Macht“ steht die Analyse der „politischen Technologie“ des menschlichen Körpers und die diskursive Produktion von Sexualität.

In den späten siebziger und Anfang der achtziger Jahre entfaltet Foucault schließlich eine „Ethik der ästhetischen Existenz“, die er auch „Technologien des Selbst“ nennt.[39] Neben den Diskurspraktiken und den Machtpraktiken

---

[34]M. Foucault, *Der Gebrauch der Lüste*, Frankfurt 1991, S. 12-13.
[35]Foucault erklärt das Konzept der Archäologie in: M. Foucault, *Die Ordnung der Dinge*, Frankfurt 1991, S. 25-28; M. Foucault, *Archäologie des Wissens*, Frankfurt 1992.
[36]Vgl. M. Foucault, *Archäologie des Wissens*, a. a. O., S. 12-13.
[37]Vgl. U. Marti, *Michel Foucault*, München 1988, S. 83.
[38]Vgl. H. H. Kögler, *Michel Foucault*, Stuttgart 1994, S. 9.
[39]Vgl. M. Foucault, Technologien des Selbst, S. 24-63, in: M. Foucault, R. Martin, L. Martin u. a., *Technologien des Selbst*, Frankfurt 1993.

nimmt er nun die Ebene der Selbstpraktiken genauer ins Visier. Immer wieder als Antwort auf Kritiken zu seiner Machttheorie interpretiert, erfolgt aber im Grunde im Kontext der Machtproblematik lediglich eine Verschiebung der theoretischen Aufmerksamkeit.[40] Durch den Doppelcharakter der sogenannten „Selbsttechniken"[41] ist eine Anbindung an die frühere Machttheorie gegeben. Zum einen sind die subjektiven Möglichkeiten, sich selbst verändern zu können, im Sinne einer Selbstführung bzw. Selbstbestimmung[42] gemeint, zum anderen aber auch die Techniken individueller Beherrschung, d. h. die Kunst Menschen regierbar (führbar) zu machen.[43]

Ziel all dieser verschiedenartigen Forschungsansätze ist Foucaults Versuch einer „rettenden Kritik"[44] an gesellschaftlichen Mißständen. Unter Kritik versteht der Autor zunächst: „Die Kunst, nicht dermaßen regiert zu werden."[45] Dies erscheint ihm möglich durch eine Analyse des Nexus von Macht-Wissen und den Bedingungen für deren Akzeptabilität in einer Gesellschaft.[46] Denn die politischen und sozialen Entwicklungen, die den westlichen europäischen Gesellschaften ihr Gesicht gegeben haben, sind nach Auffassung des Autors entweder in Vergessenheit geraten, oder zur Gewohnheit geworden. Foucault hingegen will zeigen, daß die meisten dieser Entwicklungen die Menschen einmal schockiert haben und keineswegs so selbstverständlich waren, wie sie heute wahrgenommen werden.[47]

Dies bedeutet: Im Zentrum von Foucaults Interesse steht die kritische Analyse eines historisch enstandenen Macht-Wissen-Komplexes und dessen Bedeutung für Gesellschaft.

Nach diesem kurzen Überblick über Foucaults einzelne Schaffensperioden, wird es im folgendem darum gehen, den Teil seiner Arbeit näher darzustellen, der für den feministischen Poststrukturalismus von Belang ist. Hauptsächlich handelt es sich dabei um den „mittleren" Foucault. Denn die Weiterverarbeitung von Foucaults Thesen im feministischen Poststrukturalismus erfolgt überwiegend unter Bezugnahme auf die in seiner Genealogie der Macht ent-

---

[40]Vgl. N. Neumann, Der Diskurs der Regierung, S. 64; in: kultuRRevolution, Schwerpunkt: Diskurs, Macht, Hegemonie; Ausgabe 17/18, 1988.

[41]M. Foucault, Der Gebrauch der Lüste, Frankfurt 1989, S. 18.

[42]Vgl. H. H. Kögler, Michel Foucault, a. a. O., S. 164 ff.

[43]Vgl. M. Foucault, Das Wahrsprechen des Anderen, Frankfurt 1988, S. 16; M. Foucault, Technologien des Selbst, S. 26-27; in: M. Foucault, R. Martin, L. Martin u. a. , Technologien des Selbst, a. a. O.

[44]S. Weigel (Hg.), Flaschenpost und Postkarte, a. a. O., S. 5.

[45]M. Foucault, Was ist Kritik ?, Berlin 1992, S. 12.

[46]Vgl. M. Foucault, ebenda, S. 34-35.

[47]Vgl. M. Foucault, Wahrheit, Macht, Selbst, S. 17, in: M. Foucault, R. Martin, L. Martin u. a., Technologien des Selbst, a. a. O.

wickelte Macht-, Subjekt-, Körper- und Sexualitätstheorie. In deren Mittelpunkt Foucaults machttheoretische Ausführungen, der diskurstheoretischer Ansatz, die Dezentralisierung des Subjekts, sowie die von ihm vorgenommene Denaturalisierung von Körper und Sexualität stehen. Gleichwohl erfolgt die Vorstellung von Foucaults genealogischer Phase unter Berücksichtigung der eigenen Intentionen des Autors, da Foucaults machtanalytische Studien andere Schwerpunkte setzt und andere Ziele verfolgt, als die spätere Rezeption seines Werkes durch feministische Poststrukturalistinnen. Denn während der feministische Poststrukturalismus Foucaults Theoriegebäude rezipiert, um Kritik an den Grundlagen bisheriger feministischer Theoriebildung zu üben, hat sich Foucault in seinen Werken nie explizit mit dem Geschlechterverhältnis bzw. feministischer Theorie befaßt.

2.2 Terminologie und Methodik von Foucault

Zu den besonderen Kennzeichen der Foucaultschen Publikationen gehört die höchst komplizierte Beziehung zwischen dem Stoff, den er analysiert und den Methoden, die er anwendet. Deshalb erfolgt die Aufteilung von Foucaults Denken in Methode und Inhalt zum einen aus dem Grund, das Verständnis von Foucaults Theorie zu erleichtern. Zum anderen ist diese Vorgehensweise vonnöten, da sowohl die Foucaultschen Termini als auch seine methodologischen Überlegungen selten klar definiert sind. Ausdrücke und Bezeichnungen werden eingeführt, dann nicht mehr weiterverfolgt, ganz aufgegeben, oder erlangen durch neue Positionierung im Theoriegebäude eine neuartige Bestimmung. Auch im methodischen Bereich gibt es wiederholt Veränderungen: Einerseits werden zum Teil alte Ansätze revidiert, andererseits innerhalb des neuen Forschungsrahmens neuartig akzentuiert. Kurz: Durch die enge Verflechtung von Inhalt und Methode bedeutet jede theoretische Verschiebung, die Foucault vornimmt, fast immer eine Veränderung seiner Terminologie und Methodologie. Insbesondere bei Begrifflichkeiten, wie z. B. des allgegenwärtigen Diskurses, die in Foucaults Denkrahmen fortwährend eine gewichtige Rolle spielen, führt dies zu einem geradezu inflationären Gebrauch. Begriffsbestimmung wird durch diese „wilde Benutzung"[48] von Termini leicht zur Auslegungssache. So besteht die Gefahr bei der Darstellung der Foucaultschen Terminologie und Methodologie, wenn sie seinen Denkbewegungen folgt, das Ausmaß eines Wörterbuchs anzunehmen. Aus diesem Grund wird es im folgenden lediglich um die Erarbeitung jener Aspekte gehen, die im Zusammenhang mit der genealogischen Erforschung der Macht von Foucault von Bedeutung sind. Im Vordergrund steht dabei die Erläuterung der archäologischen und genealogischen Methode, sowie die Klärung der Termini Diskurs und Dispositiv.

---

[48]M. Foucault, *Archäologie des Wissens*, a. a. O., S. 48.

2.2.1 Archäologie

Archäologie bedeutet für Foucault zunächst den „Versuch, eine ganz andere Geschichte ... zu schreiben"[49]:

> „Es handelt sich eher um eine Untersuchung, in der man sich bemüht festzustellen, von wo aus Erkenntnisse und Theorien möglich gewesen sind, nach welchem Ordnungsraum das Wissen sich konstituiert hat, auf welchem historischen Apriori und im Element welcher Positivität Ideen haben erscheinen, Wissenschaften sich bilden, Erfahrungen sich in der Philosophie reflektieren, Rationalitäten sich bilden können, um sich bald wieder aufzulösen und zu vergehen."[50] Und weiter schreibt er: ... „Was wir an den Tag bringen wollen" ... sind die Bedingungen, „durch die sie möglich werden." ... „Eher als um eine Geschichte im traditionellen Sinne des Wortes handelt es sich um eine Archäologie."[51]

Mit andern Worten: Archäologie ist das Projekt einer alternativen Geschichtsschreibung im Bereich der Ideen- und Wissenschaftsgeschichte. Im Gegensatz zum klassischen Strukturalismus ist die archäologische Geschichtsschreibung jedoch nicht auf der Suche nach universalen Gesetzen der Menschheit, sondern betont die Diskontinuität bzw. die Brüche in der Historie.[52] Insofern stellt die archäologische Methode nicht nur eine Kritik an der Lehre des klassischen Strukturalismus dar, sondern zugleich dessen Weiterentwicklung. Lediglich in der Kritik des Subjektbegriffs gibt es Berührungspunkte. Analog zum Strukturalismus will die Archäologie mit der Erfasssung der Brüche und Strukturen der abendländischen Ideen- und Wissenschaftsgeschichte die Vorherrschaft des Subjektdenkens beenden.[53]

> Denn: „Wenn die Geschichte des Denkens der Ort der ununterbrochenen Kontinuitäten bleiben könnte, ... , wäre sie für die Souveränität des Bewußtseins ein privilegierter Schutz. Die kontinuierliche Geschichte ist das unerläßliche Korrelat für die Stif-

---

[49]M. Foucault, ebenda, S. 197.
[50]M. Foucault, *Die Ordnung der Dinge*, a. a. O., S. 24-25.
[51]M. Foucault, ebenda.
[52]Vgl. H. H. Kögler, *Michel Foucault*, a. a. O., S. 35.
[53]Vgl. H. H. Kögler, ebenda, S. 52.

terfunktion des Subjekts. ... Aus der historischen Analyse den Diskurs des Kontinuierlichen und aus dem menschlichen Bewußtsein das ursprüngliche Subjekt allen Werdens und jeder Anwendung machen, das sind die beiden Gesichter ein und desselben Denksystems. Die Zeit wird darin in Termini der Totalisierung begriffen, und Revolutionen sind darin stets nur Bewußtwerdungen."[54]

Gegenüber den Verteidigern der traditionellen Geschichtsschreibung beanstandet er:

> „ ... was man so stark beweint, ist nicht das Verschwinden der Geschichte, sondern das Verwischen jener Form von Geschichte, die insgeheim, aber völlig, auf die synthetische Aktivität des Subjekts bezogen war."[55]

Statt komplexe historische Zusammenhänge auf die Kausalität handelnder Subjekte oder auf übergeschichtliche Geistmodelle zu reduzieren, oder Geschichte von vornherein als kontinuierlichen Entwicklungs- oder Verlaufsprozeß anzusehen, entlarvt Foucault diese tradierte Geschichtsauffassung als Pendant zur Theorie des Subjekts als Ort der souveränen Handlung.[56] In diesem Zusammenhang erhält der diskurstheoretische Ansatz des archäologischen Projekts eine entscheidende Bedeutung. Foucaults Archäologie, d. h. die historische Analyse der Ideen- und Wissenschaftsgeschichte, thematisiert die spezifischen Denk- und Diskursvoraussetzungen eines jeweiligen Zeitalters.[57] Die Aufgabe der archäologischen Diskursanalyse besteht in der Freilegung und Herausarbeitung der erkenntniskonstitutiven Struktur der kultur- und epochenspezifischen Episteme einer bestimmten Zeit.[58] Foucault selbst drückt dies wie folgt aus:

> Es handelt sich darum „die Bedingungen des Auftauchens von Aussagen ... freizulegen"[59] ... „die Diskurse im Gesetz ihres

---

[54]M. Foucault, *Archäologie des Wissens*, a. a. O., S. 23.
[55]M. Foucault, ebenda, S. 26.
[56]Vgl. H. H. Kögler, *Michel Foucault*, a. a. O., S. 32.
[57]Vgl. H. H. Kögler, ebenda, S. 63.
[58]Vgl. ders., *Michel Foucault*, a. a. O., S. 43; Der Begriff „episteme" gehört zur Foucaultschen Terminologie und ist wohl am besten mit Paradigma bzw. Ordnungsschema einer Wissenschaft zu übersetzen.
[59]M. Foucault, *Archäologie des Wissens*, a. a. O., S. 184.

wirklichen Werdens zu erfassen, die Tatsache erklären können, daß ein bestimmter Diskurs zu einem gegebenen Zeitpunkt diese oder jene formale Struktur aufnehmen und anwenden oder im Gegenteil ausschließen, vergessen oder verkennen kann."[60]

Zusammenfassend stellt er fest, „es ist die Gesamtheit der Beziehungen, die man in einer gegebenen Zeit innerhalb der Wissenschaften entdecken kann, wenn man sie auf der Ebene der diskursiven Regelmäßigkeiten analysiert."[61]

Es sind demzufolge die immanenten Regeln von Wissenschaftsdiskursen, die Wahrheiten produzieren und nicht ein sich seiner selbst bewußtes Subjekt, dessen Position scharf attakiert wird. Denn diese Regeln des Diskurses, verstanden als Praktiken, bilden systematisch die Gegenstände, von denen sie sprechen.[62] Unmißverständlich heißt es dann auch bei Foucault:

„ ... anstatt auf die Synthese oder auf die vereinheitlichende Funktion eines Subjekts zu verweisen"[63] gründet der Diskurs „ ... eher ein Feld von Regelmäßigeit für verschiedene Positionen der Subjektivität." und weiter „ ... Der so begriffene Diskurs ist nicht die majestätisch abgewickelte Manifestation eines denkenden, erkennenden und es aussprechenden Subjekts: Im Gegenteil handelt es sich um eine Gesamtheit, worin die Verstreuung des Subjekts und seine Diskontinuität mit sich selbst sich bestimmen können."[64]

Es läßt sich also damit sagen, daß Foucault im Zusammenhang mit dem Konzept der Archäologie zugleich eine Subjekttheorie entwickelt, die von der diskursiven Produktion des Subjekts ausgeht. Gleichzeitig wird die vermeintlich geschlossene Struktur des abendländischen Subjekts dezentralisiert. Denn das Subjekt konstituiert sich innerhalb der einzelnen Elemente der verschiedenen Wissenschaftsdiskurse und ist somit ein Produkt heterogener Diskurse, die ferner die Standorte für die verschiedenen Formen des Subjektseins darstellen.

---

[60]ders., ebenda, S. 185.
[61]ders., ebenda, S. 273.
[62]Vgl. ders., ebenda, S. 74.
[63]ders., ebenda, S. 81.
[64]ders., ebenda, S. 82.

2.2.2 Der Diskurs und das Dispositiv

Der Begriff „Diskurs" hat vielfältige Konnotationen und theoretische Kontexte. Die damit verbundene „Diskursanalyse" besetzt ebenfalls kein homogenes Terrain[65]: D. h. „Diskurs" bzw. „Diskursanalyse" kennzeichnen nicht nur poststrukturalistische Positionen, denn Gegenstandsbereich und theoretische Rahmenbedingungen markieren oft ein sehr unterschiedliches Feld. Andererseits verkörpert auch der poststrukturalistische Diskursbegriff keine homogene Einheit.

Gleichzeitig signalisieren die mittlerweile sehr verschiedenen Modi diskursanalytischer Verfahrensweisen eine gewisse Verlagerung methodisch-theoretischer Schwerpunkte in den Sozial- und Gesellschaftswissenschaften, der häufig als *linguistic-turn* der Gesellschaftswissenschaften bezeichnet wird.[66] Infolgedessen kommt es zu einer inflationären Verwendung des Wortes „Diskurs", der unterschiedslos für fast alle Formen der Diskursanalyse benutzt wird. Die Vielzahl der gegenwärtigen Publikationen, die sich mit dem Thema Foucault beschäftigen, sind von dieser Konstellation geprägt. All zu oft wird weder zwischen den einzelnen diskurstheoretischen Ansätzen unterschieden, noch der Begriff „Diskurs" präzise definiert. „Diskurs" mutiert in solchen Fällen zum omnipotenten Strukturprinzip von Gesellschaft[67], verkörpert buchstäblich alles, außer den Ort des handelnden Subjekts. Kurz: Die gegenwärtige Diskussion um Foucault und dessen diskurstheoretischen Ansatz ist häufig von mangelhaften Kenntnissen der spezifischen Bedeutung des foucaultschen Diskursbegriffes geprägt. Allerdings entwickelt sich auch bei Foucault der Diskurs zum kaum eingrenzbaren Konzept.[68] Als Analysegegenstand und Denkwerkzeug gleichermaßen in Anspruch genommen[69], ist seine Diskurstheorie mehrdeutig angelegt. Sich wandelnde Definitionen und Theorieansätze bieten auch hier nicht die Möglichkeit einer exakten Begriffsbestimmung. Zunächst spricht Foucault von der „Autonomie des Diskurses"[70] gegenüber den nicht-diskursiven Praktiken. Später wird daraus ein wechselseitiges Wirkungsver-

---

[65]C. Karpenstein-Eßbach, Zum Unterschied von Diskursanalysen und Dekonstruktionen, S. 127, in: S. Weigel (Hg.), *Flaschenpost und Postkarte*, Wien 1995.
[66]Vgl. C. Karpenstein-Eßbach, ebenda, S. 130.
[67]Vgl. C. Weedon, *Wissen und Erfahrung*, Zürich 1990, S. 59.
[68]Vgl. U. Marti, *Michel Foucault*, a. a. O., S. 42.
[69]Vgl. H. Hesse, Denken in der Leere des verschwundenen Menschen, in: *konkursbuch* 3/1979, S. 91.
[70]Vgl. M. Foucault, *Archäologie des Wissens*, a. a. O. S. 235.

hältnis.[71] Dann konstatiert er ein großes unaufhörliches und ordnungsloses „Rauschen des Diskurses"[72], das kontrolliert und organisiert[73] wird, um an anderer Stelle von einem permanenten Anreiz des Diskurses[74] bzw. einer „diskursiven Explosion"[75] zu reden. Generell definiert Foucault Diskurs als eine Menge von Aussagen, die zur selben diskursiven Formation gehören.[76]

> Und eine diskursive Praxis „ist eine Gesamtheit von anonymen, historischen, stets im Raum und in der Zeit determinierten Regeln, die in einer gegebenen Epoche und für eine gegebene soziale, ökonomische, geographische oder sprachliche Umgebung die Wirkungsbedingungen der Aussagefunktion definiert haben."[77]

Da die Foucaultsche Diskursanalyse die Produktion von Wissen zum Gegenstand hat, bestimmen die diskursiven Regeln die Gegenstände, die in einem Diskurs zur Sprache kommen können, die Subjektpositionen, die in ihm eingenommen werden können, die Begriffe, die in ihm verwendet werden können und die Theorien, die ihn prägen. Jedoch gibt der Autor in einer Reihe weiterer Präzisierungen seine rein sprachtheoretische Begründung des Diskurses auf, zugunsten eines auf gesellschaftliche Praktiken bezogenen Ansatzes. Die bisher auf immanenten Regeln von Wissensformationen beruhende Diskursanalyse wird um den gesellschaftlichen Kontext erweitert.

Diskurs wird zu einem System sprachlicher und nicht-sprachlicher Elemente[78], diskursive und nicht-diskursive Praktiken beeinflussen sich gegenseitig. Die Frage lautet nun, welcher Machttyp vermag Diskurse der Wahrheit zu produzieren.[79] Es wird ein Zusammenhang hergestellt zwischen Macht, einer spezifischen Dikursformation und der Produktion von Wahrheit.[80] Der Diskurs, weit davon entfernt eine homogene Einheit zu sein, wird zu dem Ort, an dem um die Bedeutungsökonomie, d. h. Meinungsführerschaft gerungen wird.[81]

---

[71]Zur Definition „nicht-diskursiver Praktiken" äußert sich Foucault wie folgt: „Was man im allgemeinen Institutionen nennt ... kurz, also: alles nicht-diskursive Soziale ist Institution." Siehe dazu: M. Foucault, *Dispositive der Macht*, Berlin 1978, S. 125.

[72]M. Foucault, *Die Ordnung des Diskurses*, Frankfurt 1991, S. 33.

[73]Vgl. M. Foucault, ebenda, S. 11.

[74]Vgl. M. Foucault, *Der Wille zum Wissen*, Frankfurt 1991, S. 46.

[75]M. Foucault, ebenda, S. 27.

[76]Vgl. M. Foucault, *Archäologie des Wissens*, a. a. O., S. 170.

[77]M. Foucault, ebenda, S. 171.

[78]Vgl. B. Hey, *Women's history und Poststrukturalismus*, Pfaffenweiler 1995, S. 90.

[79]Vgl. M. Foucault, *Dispositive der Macht*, a. a. O., S. 75.

[80]Vgl. ders., *Dispositive der Macht*, a. a. O., S. 76.

[81]Vgl. A. Maihofer, *Geschlecht als Existenzweise*, Frankfurt 1995, S. 82.

Foucault schreibt dazu: „Und der Diskurs ... er ist dasjenige, worum und womit man kämpft; er ist die Macht, deren man sich zu bemächtigen sucht."[82]

Für diese weiterentwickelte Version des Diskurses, die in der genealogischen Methode zur Anwendung kommt, besteht das Problem darin: Wie kann man ein Muster von kohärenten Praktiken, die gesellschaftliche Realität organisieren, ermitteln und verstehen ohne Rückgriff auf ein konstituierendes Subjekt[83] bzw. auf objektive Gesetze des menschlichen Zusammenlebens. Diese Verschiebung der Sichtweise in der Foucaultschen Diskursanalyse führt zur Entwicklung eines neuen Begriffs, den er das Dispositiv nennt. Foucault definiert ihn folgendermaßen:

„Was ich unter diesem Titel festzumachen versuche ist erstens ein entschieden heterogenes Ensemble, das Diskurse, Institutionen, architekturale Einrichtungen, reglementierende Entscheidungen, Gesetze, administrative Maßnahmen, wissenschaftliche Aussagen, philosophische, moralische oder philanthropische Lehrsätze, kurz: Gesagtes ebenso wie Ungesagtes umfaßt. Soweit die Elemente des Dispositivs. Das Dispositiv selbst ist das Netz, das zwischen diesen Elementen geknüpft werden kann."[84] und weiter: „Zweitens möchte ich in dem Dispositiv gerade die Natur der Verbindung deutlich machen, die zwischen den heterogenen Elementen sich herstellen kann."[85] ... „Das Dispositiv ist also immer in ein Spiel der Macht eingeschrieben, immer aber auch an eine Begrenzung oder besser gesagt: an Grenzen des Wissens gebunden, die daraus hervorgehen, es gleichwohl aber auch bedingen. Eben das ist das Dispositiv: Strategien von Kräfteverhältnissen, die Typen von Wissen stützen und von denen gestützt werden."[86]

Als Dispositiv versteht Foucault dementsprechend das Zusammenspiel diskursiver und nicht-diskursiver Machtpraktiken, sowie deren involviert sein in die

---

[82]M. Foucault, *Die Ordnung des Diskurses*, a. a. O., S. 11.
[83]Vgl. M. Foucault, *Der Staub und die Wolke*, Bremen 1993, S. 60.
[84]M. Foucault, *Dispositive der Macht*, a. a. O., S. 120.
[85]ebenda.
[86]M. Foucault, *Dispositive der Macht*, a. a. O., S. 123.

Produktion von Wissen. Die historisch angelegte diskurstheoretische Analyse von Wissenschaftsproduktionen wird nun in einem sozialen Kontext gesehen, der von Foucault als Machtverhältnis interpretiert wird. Als Fazit läßt sich sagen: Mit dieser Konzeption der Diskursanalyse hat Foucault ein Instrumentarium geschaffen, das ermöglicht, die Beziehungen zwischen Sprache, Gesellschaft und Individuum begrifflich zu erfassen. Zwar bleibt es bei der Erforschung von Wissenschaftsgeschichte und der sprachtheoretischen Orientierung, aber er kann nun sozialen Wandel adäquater erklären, da er nicht mehr ausschließlich immanente Regelformationen von Wissenschaftsdiskursen untersucht. Gleichzeitig aber birgt das heterogene Ensemble diskursiver und nicht-diskursiver Elemente, unter dem Begriff Dispositiv zusammengefaßt, die Gefahr als Analysekategorie an Schärfe zu verlieren. Denn Diskurs verstanden als heterogenes Ensemble institutionalisierter[87] Aussagemodi in Verbindung mit einem kaum noch eingrenzbaren Dispositiv, hinterläßt den Eindruck eines diffusen „alles hängt irgendwie mit allem zusammen". Folge davon ist eine mangelnde Präzision von Foucaults methodischen Hauptkategorien, dem Diskurs und dem Dispositiv.

---

[87]Vgl. J. Link, R. Parr, Semiotische Diskursanalyse, S. 122, in: K. M. Bogdal, *Neue Literaturtheorien*, Opladen 1990.

2.2.3   Genealogie

Ende der sechziger Jahre kommt es bei Foucault zu einer Verlagerung seiner ausschließlich diskursanalytisch orientierten Methode. Unter dem Eindruck der zu dieser Zeit sich formierenden Studentenunruhen und der damit einhergehenden vielfältigen sozialen Protesten wird auch Foucault eindeutig politisch.[88] Der diskurstheoretische Ansatz wird von ihm innerhalb seines Theorierahmens anders eingeordnet, denn sein Interesse gilt nun der Analyse gesellschaftlicher Praktiken. Die genealogische Methode betont gegenüber der archäologischen eher die kulturellen Praktiken, die als grundlegender aufgefaßt werden als Diskursformationen. Der Diskurs wird nun nicht mehr losgelöst von dessen gesamtgesellschaftlichen Einbettung gesehen, sondern als Teil der laufenden Geschichte der Gesellschaft.[89] Diese neue Vorgehensweise nennt er, unter dem Eindruck von Nietzsche, „Genealogie". Die Genealogie ist vor allem an den gesellschaftlichen Funktionen von Diskursen im Zusammenhang mit Machtpraktiken und Herrschaftsstrukturen interessiert, in deren Mittelpunkt die Beziehung zwischen Wissen, Macht, Körper und Sexualität steht. Der genealogische Ansatz, der sich der Analyse der Macht widmet, stellt eine Radikalisierung der früheren archäologischen Kritik der Humanwissenschaften dar.[90] Die Ablehnung des teleologischen Geschichtsbegriffs und des damit verbundenen Subjektdenkens wird beibehalten. Geschichte interpretiert Foucault indes als eine Folge von Machtkämpfen. Das Wissen und der Mensch sind darin nichts als Effekte der jeweiligen Machtkonstellationen. Allerdings gibt Foucault die archäologische Methode nicht völlig auf. Als Werkzeug wird die Archäologie der Genealogie untergeordnet. Die Untersuchung der diskursimmanenten Prinzipien und Regeln stellt auch weiterhin ein wichtiges Forschungsgebiet dar. Zugleich wird diese Sicht jedoch um eine, die soziale Tiefendimension des kulturbeherrschenden Wahrheitswillens erfassende Genealogie ergänzt.[91] Das genealogische Vorhaben, im Grunde der Versuch einer historisch begründeten Antiwissenschaft[92], beschreibt Foucault wie folgt:

> „Die Genealogie erforscht den Boden, aus dem wir stammen, die
> Sprache die wir sprechen, und die Gesetze, die uns beherrschen,
> um die heterogenen Systeme ans Licht zu bringen, welche uns

---

[88]Vgl. D. Eribon, *Michel Foucault*, Frankfurt 1991, S. 285-297.
[89]Vgl. H. Dreyfus, P. Rabinow, *Michel Foucault*, a. a. O., S. 154-157.
[90]Vgl. H. H. Kögler, *Michel Foucault*, a. a. O., S. 81.
[91]Vgl. H. H. Kögler, ebenda, S. 86.
[92]Vgl. M. Foucault, *Dispositive der Macht*, a. a. O., S. 62.

unter der Maske des Ich jede Identität untersagen"[93] ... „In jedem Fall geht es darum, die Historie für immer vom – zugleich metaphysischen und anthropologischen – Modell des Gedächtnisses zu befreien. Es geht darum, aus der Historie ein Gegen-Gedächtnis zu machen und in ihr eine ganz andere Form der Zeit zu entfalten."[94]

Damit sind folgende Implikationen verbunden. Zunächst einmal wendet er sich gegen die Suche nach einem historischen Ursprung:

Denn die Genealogie soll laut Foucault das historische Ereignis unter Verzicht des Gedankens an eine monotone Finalität der Geschichte analysieren. Für den Autor steht Genealogie nicht in der Tradition metahistorischer Geschichtsschreibung, die auf einer teleologischen Sichtweise und auf der Suche nach dem Ursprung beruht.[95] Denn an den Gedanken des Ursprungs ist ein Postulat gebunden:

„Der Ursprung ist der Ort der Wahrheit"[96] doch „es gilt zu entdecken, daß an der Wurzel dessen, was wir erkennen und was wir sind, nicht die Wahrheit und das Sein steht, sondern die Äußerlichkeit des Zufälligen"[97] ... „Die Kräfte im Spiel der Geschichte gehorchen weder einer Bestimmung noch einer Mechanik, sondern dem Zufall des Kampfes"[98]

Aufgabe des Genealogen ist es also, den Vorrang der Ursprünge, der unveränderlichen Wahrheiten zu zerstören. Er sucht die Doktrinen von Entwicklung und Fortschritt zu vernichten.[99] Statt des Entwurfs eines Grundprinzips oder einer allgemeinen Theorie der Geschichte geht es Foucault vielmehr um die Zufälle und Ereignisse einer Geschichte von endlosen Konflikten. Moralische Werte und gesellschaftliche Institutionen entstehen gemäß der von Foucault eingenommenen Perspektive nicht, weil sie einen Zweck erfüllen oder weil sie nützlich sind; sie sind nichts anderes als Effekte von Machtkonstellationen und

---

[93]M. Foucault, Nietzsche, die Genealogie, die Historie, in: ders., *Von der Subversion des Wissens*, Frankfurt 1991, S. 87.
[94]ders., Nietzsche, die Genealogie, die Historie, in: a. a. O., S. 85.
[95]Vgl. ders., ebenda, S. 69.
[96]ders., ebenda, S. 72.
[97]ders., ebenda, S. 74.
[98]ders., ebenda, S. 80.
[99]Vgl. H. Dreyfus, P. Rabinow, *Michel Foucault*, a. a. O., S. 137.

erst nachträglich wird ihnen eine Funktion zugeordnet.[100] Konsequenterweise schreitet die Menschheit nicht durch einen langen Pfad ihrer eigenen Bewußtwerdung,

> sondern „sie verankert alle ihre Gewaltsamkeiten in Regelsystemen und bewegt sich so von Herrschaft zu Herrschaft" ... „Das große Spiel der Geschichte gehört dem, der sich der Regel bemächtigt." ... „Es gehört dem, der in den komplexen Mechanismus eindringt und ihn so umfunktioniert, daß die Herrscher von ihren eigenen Regeln beherrscht werden" ... „Wenn interpretieren heißt, sich eines Systems von Regeln ... zu bemächtigen ... dann ist das Werden der Menschheit eine Reihe von Interpretationen. Und die Genealogie muß ihre Historie sein."[101]

Die Universalien des sogenannten Humanismus enthüllen sich für Foucault als Resultat des zufälligen Auftauchens erfolgreich durchgesetzter Interpretationen. Die Wirkungen dieser Machtkämpfe machen auch vor dem Körper nicht halt, die Ereignisse prägen sich dem Leib ein.[102]

> „Wir glauben jedenfalls, daß der Körper nur den Gesetzen seiner Physiologie unterliegt und daß er der Geschichte nicht ausgesetzt ist. Auch das ist ein Irrtum: er ist dem Wechsel der Lebensweisen unterworfen"[103]

> Darum beginnt die Genealogie mit der Anaylse dort, „wo sich Leib und Geschichte verschränken. Sie muß zeigen, wie der Leib von der Geschichte durchdrungen ist und wie die Geschichte am Leib nagt."[104]

Anders gesagt: Für den Genealogen gibt es keine Konstanten. Durch kulturelle Interpretationen und angemessene Techniken können Begehren und Körper verändert werden. Der Körper kann nicht als Grundlage der Selbsterkenntnis dienen.[105] Die veränderlichen Ordnungen des Wissens und der Macht sind die

---

[100]Vgl. U. Marti, *Michel Foucault*, a. a. O., S. 74.

[101]M. Foucault, Nietzsche, die Genealogie, die Historie, in: a. a. O., S. 78.

[102]Vgl. M. Foucault, ebenda, S. 75.

[103]ders., ebenda, S. 79.

[104]ders., ebenda, S. 75.

[105]Vgl. H. Dreyfus, P. Rabinow, *Michel Foucault*, a. a. O., S. 139; siehe dazu: M. Foucault, Nietzsche, die Genealogie, die Historie, in: a. a. O., S. 74-79.

historischen Bedingungen, die die jeweiligen Definitionen des Menschseins bestimmen. Das menschliche Subjekt im Bedingungskreis der Macht- und Wissensgeschichte ist das Forschungsgebiet der Genealogie. Erkenntnis und Gesellschaft bedingen sich für Foucault gegenseitig. Wissen, d. h. in diesem Fall eine erfolgreich durchgesetzte Interpretationshoheit, kann nur entstehen dank eines Systems kommunikativer und sozialer Praktiken. Diese so ausgeübten Machtformen können umgekehrt nur mittels Aneignung und Kontrolle von Wissen ausgeübt werden.[106] Die Genealogie, verstanden als kritische Wissenschaftsdisziplin,

„muß gerade gegen die Machtwirkungen eines als wissenschaftlich angesehenen Diskurses den Kampf führen"[107] denn sie will den „unterworfenen Wissensarten"[108] eine Stimme verschaffen.

[106]Vgl. U. Marti, *Michel Foucault*, a. a. O., S. 83.
[107]M. Foucault, *Dispositive der Macht*, a. a. O., S. 63.
[108]M. Foucault, ebenda, S. 59.

2.3 Die Analyse moderner Machtverhältnisse

In der Hauptsache ist Foucault durch seine Analyse moderner Machtverhältnisse bekannt geworden. Mit einem am Körper und der Sexualität orientierten Machtbegriff, den er innerhalb eines Macht/Wissen-Systems analysiert, überschreitet er nicht nur gängige machttheoretische Ansätze und Begrifflichkeiten, sondern ermittelt eine in dieser Konstellation bisher unübliche Sphäre der Macht. Für ihn sind der Körper, die Sexualität, leibliche Empfindungen wie Begehren und sexuelle Praktiken diskursiv erzeugte Effekte eines historisch gegeben spezifischen Macht/Wissen-Dispositivs. Damit bezieht Foucault ausdrücklich Stellung gegen herkömmliche Vorstellungen von Emanzipations- oder Befreiungsmodellen über Körper und Sexualität[109], die zumeist im Kontext der „Neuen Sozialen Bewegungen" entwickelt worden sind. Deren Idee einer von der Macht unterdrückten Sexualität und die damit verbundene Konzeption der subversiven Kraft befreiter oder ursprünglich wahren Sexualität wird von Foucault entschieden zurückgewiesen. Theorieansätze wie diese befinden sich seiner Meinung nach nicht, wie von VetreterInnen dieser Richtung behauptet, außerhalb, sondern innerhalb des kritisierten Machtsystems. Folglich führt diese Art von Kritik eher zur Verschleierung von Machtverhältnissen, denn zu deren Beseitigung. Seine Analyse der Macht ist im wesentlichen eine Analyse des Körpers als der Stelle, an der sich die winzigen und örtlich begrenzten Gesellschaftspraktiken mit der Organisation der Macht im großen Maßstab verbinden. Dies bildet die Grundlage für seine Untersuchung von historischen Spezifika der Körperformungstechniken. Unter Verwendung der genealogischen Methode will er zeigen, daß der Körper

> „unmittelbar im Feld des Politischen" steht; „die Machtverhältnisse legen ihre Hand auf ihn; sie umkleiden ihn, markieren ihn, dressieren ihn, martern ihn, zwingen ihn zum Arbeiten, verpflichten ihn zu Zeremonien, verlangen von ihm Zeichen."[110]

Was wiederum im direkten Zusammenhang mit dem ökonomischen System steht, denn der Körper ist sowohl nützlich als auch produktiv:

> „Diese politische Besetzung des Körpers ist mittels komplexer und wechselseitiger Beziehungen an seine ökonomische Nutzung gebunden; zu einem Gutteil ist der Körper als Produktionskraft

---

[109]Vgl. J. Butler, *Das Unbehagen der Geschlechter*, Frankfurt 1991, S. 144.
[110]M. Foucault, *Überwachen und Strafen*, Frankfurt 1992, S. 37.

von Macht- und Herrschaftsbeziehungen besetzt; auf der anderen Seite ist seine Konstituierung als Arbeitskraft nur innerhalb eines Unterwerfungssystems möglich (in welchem das Bedürfnis auch ein sorgfältig gepflegtes, kalkuliertes und ausgenutztes Instrument ist); zu einer ausnutzbaren Kraft wird der Körper nur, wenn er sowohl produktiver wie unterworfener Körper ist. Diese Unterwerfung wird aber nicht allein durch Instrumente der Gewalt oder der Ideologie erreicht; sie kann sehr wohl direkt und physisch sein ..."[111] sie kann aber auch „... kalkuliert, organisiert, technisch durchdacht, subtil sein, weder Waffen noch Terror gebrauchen und gleichwohl physischer Natur sein."[112]

Mit dieser Politisierung des Körpers gelingt es Foucault, die Weise, in der der Körper ein wesentlicher Bestandteil für das Operieren von Machtverhältnissen in den modernen Gesellschaften geworden ist, zu isolieren und begrifflich zu erfassen. Die Beschreibungen des Genealogen zeigen, wie der Körper als integraler Bestandteil in der Ausbreitung und Lokalisierung moderner Macht benutzt wird.[113] Denn diese körperzentrierten bis in die soziale Lebenswelt sich entfaltenden Mechanismen der Macht erzeugen über die Produktion angepassten Körperverhaltens zugleich menschliche Individuen. Es läßt sich also sagen: Die Untersuchung der Macht beginnt für Foucault dort, wo sie ihre realen, d. h. materiellen Wirkungen produziert. Für den Genealogen sind das die Mikroprozesse der Macht, die die Körper unterwerfen, die Gesten lenken und das Verhalten beherrschen. Da die spezifische Eigenschaft moderner Macht die Produktion von Körpern ist, will Foucault die materielle Substanz der Macht in ihrer subjektkonstituierenden Funktion, verstanden als Mikropraktiken von Macht, erfassen.[114] Denn es sind die Körper, die von den Machtwirkungen als Subjekte konstituiert werden.[115] Im Gegensatz zu herkömmlichen Machttheorien ist demzufolge für Foucault das Indivuum nicht das gegenüber der Macht, sondern eine seiner ersten Wirkungen.[116] Macht wird nämlich nicht, gleichsam als äußerlicher Vorgang, auf Individuen angewandt, sondern geht durch sie hindurch.[117] Dieser Prozeß, so Foucault, bindet den Menschen ungleich effek-

---

[111]M. Foucault, ebenda, S. 37.
[112]M. Foucault, ebenda, S. 37.
[113]Vgl. H. Dreyfus, P. Rabinow, *Michel Foucault*, a. a. O., S. 141.
[114]Vgl. M. Foucault, *Dispositive der Macht*, a. a. O., S. 81.
[115]Vgl. M. Foucault, ebenda, S. 82.
[116]M. Foucault, ebenda, S. 83.
[117]Vgl. M. Foucault, ebenda, S. 82.

tiver an die Erscheinungsformen moderner Macht, als jede frühere Form von Herrschaft.

Mit dieser Bestimmung von Macht verfolgt er ein doppeltes Ziel: Zum einen beanstandet Foucault das traditionelle Machtverständnis der marxistischen und nicht-marxistischen Linken ebenso wie das von bürgerlichen Kräften. Beide Theorieansätze gehen laut Foucault davon aus, daß Macht besessen werde, d. h. in einem Individuum oder einer Institution ruhe; außerdem werde angenommen, daß Macht an zentralen Punkten, etwa im Gesetz, in der Ökonomie, im Staat, kurz, in Makrostrukturen zu verorten sei, die zudem vornehmlich als repressiv aufgefaßt werden.[118] Foucault hingegen ist der Überzeugung, daß diese bürgerlichen wie auch marxistisch orientierten politischen Theorien von Macht die Aufgabe verfehlen, die in den entwickelten Gesellschaften herrschenden Mechanismen sozialer Machtbildung adäquat zu erfassen.[119] In dem er vom Immanenzprinzip der Macht ausgeht, negiert er die Vorstellung eines von Internalisierungsprozessen durch die Gesellschaft entfremdeten und der Macht unterdrückten Menschen. Für Foucault gibt es keine kritische Instanz außerhalb oder unterhalb von Gesellschaft. Zum anderen beabsichtigt er durch die genealogische Machtanalyse die Funktionsmechanismen von Macht transparent zu machen, um deren Wirkkraft zu beeinträchtigen.

---

[118]Vgl. R. Gunzenhäuser, Gibt es eine Position außerhalb des Diskurses, S. 76; in: E. Haas (Hg.), *Verwirrung der Geschlechter*, München 1995.

[119]Vgl. A. Honneth, Foucault und Adorno - Zwei Formen einer Kritik der Moderne, S. 132, in: P. Kemper, *Postmoderne oder der Kampf um die Zukunft*, Frankfurt 1991.

2.3.1   Die Machtdefinition von Foucault

Bei der Bestimmung der theoretischen Prämisse dessen, was Foucault unter Macht versteht, ist zunächst festzuhalten, daß es ihm nicht um eine Theorie der Macht geht, sondern um deren Analyse.

Ebensowenig ist die Frage der Legitimität der Macht Gegenstand seines Interesses, da für ihn die jeweiligen Legitimtätsstandards Teil der Auseinandersetzungen um gesellschaftliche Macht- und Herrschaftsverhältnisse sind.[120] Aus diesem Grund ist sein Bezugsrahmen die Funktionsweise der Macht:

> „Die Analyse der Machtmechanismen ist keine allgemeine Theorie dessen, was Macht ist. Vielmehr geht es darum zu wissen, wo zwischen wem und auf welche Weise und zu welchen Zweck ... sie ablaufen"[121] Denn „Macht entsteht nicht aus sich; es existieren also nicht Produktionsverhältnisse und Machtmechanismen, familiäre Beziehungen und Machtmechanismen, sexuelle Beziehungen und Machtmechanismen ... die Machtmechanismen sind darin enthalten."[122]

Ausgehend von der These der Etablierung eines neuen Machtsystems im 17./18. Jahrhundert definiert er den Begriff „Macht" wie folgt:

> „Unter Macht verstehe ich hier nicht die Regierungsmacht, als Gesamtheit der Institutionen und Apparate, die die bürgerliche Ordnung in einem gegebenen Staat garantieren. Ebensowenig verstehe ich darunter eine Unterwerfungsart, die im Gegensatz zur Gewalt in Form der Regel auftritt. Und schließlich meine ich nicht ein allgemeines Herrschaftssystem, ..." „... Unter Macht, scheint mir, ist zunächst zu verstehen: die Vielfältigkeit von Kräfteverhältnissen ... "[123]

Demzufolge gibt es für Foucault weder ein Zentrum noch eine zentrale Instanz der Macht. Macht entsteht durch einen dynamischen Prozeß von Kräfteverhältnissen, d. h. durch zumeist lokale und sehr verschiedenartige Auseinandersetzungen. Dadurch ist Macht immer eine Frage temporärer Überlegenheit, die

[120]Vgl. A. Maihofer, *Geschlecht als Existenzweise*, Frankfurt 1995, S. 128.
[121]M. Foucault, *Der Staub und die Wolke*, a. a. O., S. 1.
[122]M. Foucault, ebenda.
[123]M. Foucault, *Der Wille zum Wissen*, a. a. O., S. 113.

von anderen nach Macht strebenden Positionen permanent in Frage gestellt wird. Bedingt durch diese Konstellation gibt es überall in modernen Gesellschaften regionale Konfrontationen, so daß für Foucault die Macht einen omnipräsenten Charakter annimmt.[124] Aus diesem Grund bilden die Machtbeziehungen nicht den Überbau einer Gesellschaft, denn die Machtbeziehungen resultieren aus den vielfältigen lokalen und regionalen Konflikten. Folglich kommt die Macht von unten und läßt sich auch nicht mehr in der binären Logik von Beherrscher und Beherrschten beschreiben. Letztlich sind damit für Foucault die jeweiligen Machtkonstellationen moderner Gesellschaften Hegemonieeffekte, die auf all jenen lokalen und regionalen Konfrontationen beruhen.[125] Somit ist für Foucault Macht zwar allgegenwärtig, aber kein homogenes Gebilde. Denn im Zentrum von Machtverhältnissen steht der permanente Kampf um Hegemonie, d. h. die stetige Auseinandersetzung konkurrierender Standpunkte. Dies ist der Ort für Gegenbewegungen, so daß Foucault sagen kann:

„Wo es Macht gibt, gibt es Widerstand. Und doch oder vielmehr gerade deswegen liegt der Widerstand niemals außerhalb der Macht" ... „Die Widerstände rühren nicht von irgendwelchen ganz anderen Prinzipien her, ... "[126] „Sie sind in den Machtbeziehungen die andere Seite, das nicht wegzudenkende Gegenüber"[127]

Konkretisiert wird diese Feststellung in einer weiteren Erläuterung seines Machtbegriffs, in dem er zwischen Macht und Herrschaft unterscheidet:

„Machtausübung bezeichnet ... die Wirkungsweise gewisser Handlungen, die andere verändern" ... „seiner eigentlichen Natur nach aber ist es nicht Ausdruck eines Konsenses" ... „Tatsächlich ist das, was ein Machtverhältnis definiert, eine Handlungsweise, die nicht direkt und unmittelbar auf die anderen einwirkt, sondern eben auf deren Handeln." ... „Ein Gewaltverhältnis wirkt auf einen Körper, wirkt auf Dinge ein: es zwingt, beugt, bricht, es zerstört: es schließt alle Möglichkeiten aus; es bleibt ihm kein anderer Gegenpol als der der Passivität. Und

---

[124]Vgl. M. Foucault, ebenda, S. 114.
[125]Vgl. M. Foucault, ebenda, S.115-116.
[126]M. Foucault, ebenda, S. 116.
[127]M. Foucault, ebenda, S. 117.

wenn es auf einen Widerstand stößt, hat es keine andere Wahl als diesen niederzuzwingen. Ein Machtverhältnis hingegen errichtet sich auf zwei Elementen, ohne die kein Machtverhältnis zustandekommt: so daß der andere (auf den es einwirkt) als Subjekt des Handelns bis zuletzt anerkannt und erhalten bleibt und sich vor dem Machtverhältnis ein ganzes Feld von möglichen Antworten, Reaktionen, Wirkungen, Erfindungen eröffnet."[128]

Machtausübung kann diesen Äußerungen zufolge als Einflußnahme auf Handlungen anderer bezeichnet werden. Gleichzeitig implizieren Machtverhältnisse immer die Möglichkeit alternativer Handlungsweisen. Insofern setzten Machtverhältnisse nicht nur ein gewisses Maß an Freiheit, d. h. die Freiheit anders handeln zu können voraus, sondern gehen darüber hinaus auch von einem „freien" Subjekt aus, dessen gesellschaftliche Situation es erlaubt, eigenständig sein Verhalten zu bestimmen.[129] Auf diese Weise wird von Foucault die Freiheit, anders handeln zu können existentiell mit Machtverhältnissen verknüpft. Machtverhältnisse und das Aufbegehren dagegen sind demnach nicht zu trennen.[130] Gleichwohl ist damit die Erkenntnis verbunden,

„daß, die Machtverhältnisse tief im gesellschaftlichen Nexus wurzeln, und nicht über der Gesellschaft eine zusätzliche Struktur bilden, von deren radikaler Austilgung man träumen könnte."[131]

Es besteht zwar somit für Foucault ein konstitutiver Zusammenhang zwischen Macht und Freiheit, dennoch ist er sich der sozialen Tiefendimension moderner Machtverhältnisse bewußt, die er mit der Erkenntnis verbindet, daß es keine Gesellschaft ohne Formen von Macht geben kann.

Abschließend läßt sich über Foucaults Definition von Macht folgendes sagen: Das einmalige der Machtverhältnisse moderner Gesellschaften beruht auf deren Vielzahl. Foucault dezentralisiert die Macht, indem er sie pluralisiert.

---

[128]Michel Foucault, Das Subjekt und die Macht, S. 254, in: H. Dreyfus, P. Rabinow, *Michel Foucault*, a. a. O.; An dieser Stelle ein Hinweis: Alle vorherigen Zitate zum Thema Macht stammen aus den Siebzigern. Bei dem Aufsatz in dem Buch von Dreyfus/Rabinow handelt es sich um eine spätere Präzisierung des Machtthemas. In diesem Artikel ändert er seine Terminologie und spricht von Machtverhältnissen. Foucault versucht damit die Vielfältigkeit der „Macht" besser erfassen zu können.

[129]Vgl. Michel Foucault, *Das Subjekt und die Macht*, S. 255, in: a. a. O.

[130]Vgl. M.Foucault, ebenda, S. 256.

[131]M. Foucault, ebenda, S. 257.

Macht ist nicht das Privileg einer Zentralgewalt oder einer bestimmten gesellschaftlichen Gruppierung. Sie ist an vielen Orten und man kann ihr nicht entkommen, denn es gibt kein außerhalb der Macht.

Trotzdem ist Widerstand möglich. Da Macht eine Frage der Hegemonie ist, beruhen die Machverhältnisse einer Gesellschaft auf instabilen Kräfteverhältnissen. D. h. es gibt ein permanentes Ringen um Vorherrschaft. In dieser spezifischen Eigenart moderner Gesellschaften sieht Foucault die Möglichkeit zur Opposition. Im Gegensatz dazu sind Herrschaftsysteme Regime, in denen es diese Art von Auseinandersetzung nicht gibt. Diese Eigenschaft der Macht impliziert deren ubiquitäres Auftreten. Da Foucaults Machtkonzeption auf diskursiv erzeugter Hegemonie beruht, bilden sich infolgedessen nicht nur überall Machtverhältnisse, sondern ebenso viele Gegenbewegungen. Die „lokalen, spezifischen Kämpfe"[132], der seit den achtziger Jahren sogenannten „Neuen Sozialen Bewegungen", haben hier ihren Ausgangspunkt. D. h., indem Foucault Macht und Protest miteinander in Beziehung setzt, entwirft er parallel zu seiner Definition moderner Machtverhältnisse eine politiktheoretische Begründung der Oppositionsbewegungen seit 1968. Denn Foucault ist der Meinung, daß die Machtverhältnisse ausgehend von den Widerstandsformen untersucht werden sollten. Ausgangspunkt bilden für ihn hierbei die Oppositionen der Ende der sechziger Jahre entstandenen „antiautoritären Kämpfe".[133] Anhand dieser Art von Gesellschaftskritik bzw. Widerstand entwickelt er seine Definition moderner Machtverhältnisse.[134] Jedoch geschieht dies nicht ohne Kritik: So bezieht er sich zwar einerseits auf die „erstaunliche Wirkung der diskontinuierlichen, partikularen und lokalen Kritiken"[135] der „Neuen Sozialen Bewegungen", kritisiert dabei aber zugleich deren macht- bzw. gesellschaftstheoretischen Grundlagen. Kurz: Foucaults Machtdefinition entsteht unter dem Eindruck der nach 1968 neu entstanden Oppositionsbewegungen. Mit dieser Machtdefinition verbunden, ist eine Kritik der politischen Prämissen dieser Gruppierungen. Deren Vorstellung einer repressiven und zentralen Macht lehnt er ebenso ab, wie die Verortung von Widerstand außerhalb der Gesellschaft. Um seine These der Etablierung einer spezifischen Form von Macht in modernen Gesellschaften zu belegen, analysiert er unter Verwendung der genealogischen Methode die Entstehungswege und Wirkmechanismen moderner Machtverhältnisse. Diese Funktionsmechanismen der Machtverhältnisse moderner Gesellschaften sollen im folgenden dargestellt werden.

---

[132]G. Deleuze, Foucault, a. a. O., S. 38.

[133]Vgl. M. Foucault, *Das Subjekt und die Macht*, S. 245, in: a. a. O.

[134]Vgl. M. Foucault, ebenda , S. 244-246.

[135]M. Foucault, *Dispositive der Macht*, a. a. O., S. 58.

2.3.2 Die Diziplinargesellschaft

Zwischen dem 17. und 18. Jahrhundert, dem „klassischen Zeitalter"[136], kommt es laut Foucault zu einer Transformation der Machtformen. Obwohl zu diesem Zeitpunkt mit der feudalen Monarchie noch die „alte" Form der Macht vorherrscht, kündigt sich gleichzeitig ein gesamtgesellschaftlicher Umbruch an, in dessen Verlauf sich eine moderne Machtform etabliert. Die neue Macht verabschiedet das alte Prinzip einer sich in Szene setzenden souveränen Macht, die sich als Verbots- , Straf- und Gesetzesmacht präsentiert, zugunsten einer Macht, die sich nun auf das Leben und dessen Ablauf richtet. Damit verwandeln sich Ziel und Funktion der Macht. Mit der Transformation der Machtformen im 17./18. Jahrhundert formiert sich die von Foucault so bezeichnete „Diziplinarmacht".[137] Angriffspunkt und Operationsfeld der Disziplinarmacht bildet der lebende Körper. Gegenstand seiner Untersuchung über die „Disziplinargesellschaft"[138] ist das Gefängnis und die damit verbundenen Strafpraktiken. Foucault will anhand des Gefängnisses die Entwicklung einer spezifischen Machttechnik herausarbeiten:

> „Es soll also der Versuch unternommen werden, die Metamorphose der Strafmethoden von einer politischen Technologie des Körpers her zu untersuchen, aus der sich vielleicht eine gemeinsame Geschichte der Machtverhältnisse und der Erkenntnisbeziehungen ablesen läßt."[139]

> „Die Analyse der Strafmechanismen soll nicht in erster Linie an deren repressiven Wirkungen ... ausgerichtet sein."[140] Sondern es ist zu zeigen „ ..., daß sie an eine Reihe positiver und nutzbringender Effekte geknüpft sind."[141] ... „Die Bestrafung soll demnach als eine komplexe gesellschaftliche Funktion betrachtet werden."[142]

---

[136]Vgl. M. Foucault, *Überwachen und Strafen*, a. a. O., S. 174.
[137]Vgl. M. Foucault, *Überwachen und Strafen*, a. a. O., S. 241.
[138]Vgl. M. Foucault, ebenda, S. 279.
[139]M. Foucault, ebenda, S. 34.
[140]M. Foucault, ebenda.
[141]M. Foucault, ebenda, S. 35.
[142]M. Foucault, ebenda, S. 34.

41

Zwar wirkt das moderne Gefängnis und dessen zwanghaftes, körperlich isolie-rendes und verheimlichendes Strafmodell[143] im Vergleich mit der feudalen mittelalterlichen Strafpraxis der öffentlichen Brandmarkung des Körpers des Verurteilten[144] ungleich milder. Im Wandel der Straftechniken sieht Foucault hingegen weniger das Fortschreiten immer humaner werdender Strafreformen, als die Etablierung eines neuen Machtsystems. Dieses neue Machtsystem zeichnet sich durch die disziplinierende Wirkung körperlichen Verhaltens aus:

> „es geht nicht darum, den Körper in der Masse, en gros, als eine unterschiedslose Einheit zu behandeln, sondern ihn im Detail zu bearbeiten; auf ihn einen fein abgestimmten Zwang auszu-üben."[145]

Die Zugriffe erfolgen auf der Ebene der Bewegungen, Gesten Haltungen etc. des tätigen Körpers.

> „Sodann ist der Gegenstand der Kontrolle neu: es geht ... um die Ökonomie und Effizienz der Bewegungen und ihrer inneren Or-ganisation. ... die einzig wirklich bedeutsame Zeremonie ist die Übung" ... „Und schließlich die Durchführungsweise: sie besteht in einer durchgängigen Zwangsausübung, die über die Vorgänge der Tätigkeit genauer wacht als über das Ergebnis und die Zeit, den Raum, die Bewegungen bis ins kleinste codiert. Diese Me-thoden, welche die peinliche Kontrolle der Körpertätigkeiten und die dauerhafte Unterwerfung ihrer Kräfte ermöglichen und sie gelehrig/nützlich machen, kann man die Disziplinen nennen."[146]

> Diese Disziplinen funktionieren nach einen speziellen Verfahren, sie „unterscheiden sich von der Sklaverei, da sie nicht auf dem Besitz des Körpers beruhen; das ist ja gerade die Eleganz der Disziplin, daß sie auf ein so kostspieliges und gewaltsames Ver-hältnis verzichtet und dabei mindestens ebenso beachtliche Nützlichkeitseffekte erzielt."[147]

---

[143]Vgl. M. Foucault, ebenda, S. 170.
[144]Vgl. M. Foucault, ebenda, S. 169.
[145]M. Foucault, *Überwachen und Strafen*, a. a. O., S. 175.
[146]M. Foucault, ebenda.
[147]M. Foucault, ebenda, S. 176.

Die Disziplinen haben demzufolge die Aufgabe, Techniken der Macht zu entfalten, die auf eine politische Anatomie des Körpers abzielen. Was nichts anderes bedeutet, als fügsame und gelehrige Körper zu produzieren, die einerseits die Kräfte des Körpers zum Zwecke der Erhöhung des ökonomischen Profits steigern sollen, andererseits aber sollen sie zugleich dieselben Kräfte schwächen, um sie politisch fügsam zu machen.[148] So formiert sich mit der Disziplinargesellschaft eine Politik der Zwänge, die am Körper arbeitet. Eine Technik der Macht mit der Absicht die Verhaltensweisen zu kalkulieren und zu manipulieren.

> Denn: „Der menschliche Körper geht in die Machtmaschinerie ein, die ihn durchdringt, zergliedert und wieder zusammensetzt. Eine politische Anatomie, die auch eine Mechanik der Macht ist, ist im Entstehen."[149]

Das Gefängnis hat insofern beispielhaften Charakter für die diziplinierenden Mechanismen der neuen Macht, als es durch die Architektur des Gebäudes und die strengen Anstaltsregeln den Alltag der Insassen minutiös genau organisiert. Ziel ist die:

> „Umformung des gesamten Individuums – seines Körpers seiner Gewohnheiten durch die Arbeit, zu der er gezwungen wird, seines Geistes durch die geistliche Fürsorge, deren Gegenstand er ist."
> „... Der Verwaltungsapparat Gefängnis ist gleichzeitig eine Gesinnungswandelmaschine."[150]

Diese disziplinierenden Techniken des Gefängnisses vervielfältigen sich im Laufe des 17. und 18. Jahrhunderts, durchdringen alle gesellschaftlichen Institutionen, durchschreiten den gesamten Gesellschaftskörper und tragen so zur Formierung der Disziplinargesellschaft bei. Die Ausbreitung von Disziplinartechniken auf alle Einrichtungen der Gesellschaft[151] bezeichnet Foucault als „Mikrophysik der Macht".[152] Diese Mikromächte wirken auf allen gesell-

---

[148]Vgl. M. Foucault, ebenda, S. 177.
[149]M. Foucault, *Überwachen und Strafen*, a. a. O., S. 176.
[150]M. Foucault, ebenda, S. 162.
[151]Vgl. M. Foucault, ebenda, S. 269.
[152]M. Foucault, ebenda, S. 178.

schaftlichen Ebenen und produzieren auf diese Weise überall nutzbringende Individuen.

Dieses Verfahren erleichtert die Umwandlung der durch die beginnende Industrialisierung 'freigesetzten' unübersichtlichen Menschenmassen, in gelehrige, kontrollierbare und fügsame Individuen.[153] Die Disziplinarmacht hat demnach individualisierenden Charakter, auch wenn die Individuen gleichzeitig zu Objekten der Disziplinierung werden. Fabrik, Gefängnis, Schule, Familie, Psychiatrie, Kaserne und Krankenhaus, all diese Institutionen haben frappierende Ähnlichkeiten in der Art der angewendeten Disziplinartechnologien. Doch es sind nicht nur diese Institutionen, die disziplinierenden Charakter haben. Auch die Architektur ihrer Gebäude gehört zu den Disziplinartechnologien, die von Foucault als Raumordnung der Macht bezeichnet wird.[154] In diesen räumlichen Ordnungen wirken die Disziplinartechnologien. Die Individuen werden in dem Raum verteilt, die körperlichen Tätigkeiten in kleinste Zeiteinheiten zerlegt, der menschliche Körper und die Maschine zusammengeschaltet und der Tagesablauf der Individuen minutiös verplant:

> Denn indem sie die „Zeit der Individuen kapitalisieren"[155], gelingt es den Disziplinen „immer noch mehr verfügbare Augenblicke und aus jedem Augenblick immer noch mehr nutzbare Kräfte herauszuholen" ... „ Je mehr Zeit man zerlegt, um so mehr vervielfältigt man ihre Unterteilungen; um so besser entfaltet man ihre einzelnen inneren Elemente unter einem sie kontrollierenden Blick."[156]

Das von Bentham 1789 erbaute Panoptikon wird für Foucault zum idealtypischen Modell jener Architektur, in der die Machtechniken der Disziplinargesellschaft wirken. Es handelt sich zunächst um ein Muster, das zwar ursprünglich für die Konstruktion von Gefängnisbauten konzipiert worden war, später aber auch als Modell für den Bau anderer Institutionen Verwendung fand: Kreisförmig sind Einzelzellen um einen Beobachtungsturm angeordnet, der von allen Zellen aus sichtbar ist. Ohne das die Insassen der einzelnen Zellen im Stande waren, die Insassen anderer Zellen zu sehen und ohne daß es den Insassen möglich war zu wissen, ob sie von einem Wärter observiert wurden, konn-

[153]Vgl. M. Foucault, ebenda, S. 190.
[154]M. Foucault, *Überwachen und Strafen*, a. a. O., S. 222.
[155]M. Foucault, *Überwachen und Strafen*, a. a. O., S. 202.
[156]M. Foucault, ebenda, S. 198.

ten von diesem Turm aus alle Insassen zu jeder Zeit überwacht werden.[157] Als die zentrale Wirkung des panoptischen Schemas betrachtet Foucault:

> „die Schaffung eines bewußten und permanenten Sichtbarkeits-
> zustandes beim Gefangenen, der das automatische Funktionieren
> der Macht sicherstellt."[158]

Da die Gefangenen stets gezwungen sind, sich so zu verhalten, als ob sie observiert würden, benehmen sie sich entspechend und stützen dadurch das Machtverhältnis. Die Folge ist eine weitgehende Selbstüberwachung und Selbstkontrolle[159] gegenüber einer unsichtbaren und entindividualisierten Macht ohne das physischer Zwang ausgübt werden muß.[160] Die hohe Bedeutung des Panoptikons für Foucault erklärt sich aus den Machtmechanismen dieses Bauwerkes. Das Panoptikum entspricht den Machttechniken von modernen Gesellschaften auf ideale Weise:

> „Das Panoptikon hingegen ist als ein verallgemeinerungsfähiges
> Funktionsmodell zu verstehen, das die Beziehungen der Macht
> zum Alltagsleben der Menschen definiert."[161]

So entfaltet sich im Kontrast zur traditionellen Macht für den Genealogen die institutionalisierte Disziplinarmacht als anonymes Gebilde:

> „Die traditionelle Macht ist diejenige, die sich sehen läßt, die
> sich zeigt, die sich kundtut und die die Quelle ihrer Kraft gerade
> in der Bewegung ihrer Äußerung findet. Jene aber an denen sich
> die Macht entfaltet bleiben in Dunkeln. ... Ganz anders die Dis-
> ziplinarmacht: sie setzt sich durch, indem sie sich unsichtbar
> macht, während sie den von ihr Unterworfenen Sichtbarkeit auf-
> zwingt. In der Disziplin sind es die Untertanen, die gesehen wer-
> den müssen, die im Schweinwerferlicht stehen, damit der Zugriff
> der Macht gesichert bleibt. Es ist gerade das ununterbrochene
> Gesehenwerden, das ständige Gesehenwerdenkönnen, ... was das
> Disziplinarindividuum in seiner Unterwerfung festhält."[162]

---

[157]Vgl. M. Foucault, ebenda, S. 256-268.
[158]M. Foucault, ebenda, S. 258.
[159]Vgl. A. Bührmann, *Das authentische Geschlecht*, Münster 1995, S. 33 ff.
[160]Vgl. M. Foucault, *Überwachen und Strafen*, a. a. O., S. 259-260.
[161]M. Foucault, *Überwachen und Strafen*, a. a. O., S. 263.
[162]M. Foucault, ebenda, S. 241.

Denn „die Disziplinen markieren die Umkehrung der politischen Achse der Individualisierung. In den Gesellschaften, für die das Feudalsystem nur ein Beispiel ist, erreicht die Individualisierung ihren höchsten Grad in den höheren Bereichen der Macht und am Ort der Souveränität. Je mehr Macht ... einer innehat, um so mehr wird er durch Rituale, Diskurse oder bildliche Darstellungen als Individuum ausgeprägt. ... all das sind Verfahren einer aufsteigenden Individualisierung. In einem Disziplinarregime hingegen ist die Individualisierung absteigend: je anonymer und funktioneller die Macht wird, um so mehr werden die dieser Macht Unterworfenen individualisiert."[163]

Als Resümee der Darstellung der Disziplinargesellschaft ist festzustellen, daß Foucaults Analyse des Strafsystems und deren Funktion in der Gesellschaft mehrere Implikationen enthält:

Erstens beinhaltet die historische Analyse sich verändernder Machtformen eine Absage an universale Machttheorien. Jede Gesellschaftsformation hat ihre speziellen, historisch zu analysierenden Machtmechanismen. Das Konkrete kann nicht, oder nur bedingt, ins Allgemeine eingefügt werden.

Zweitens, verbindet Foucault mit dieser Untersuchung der Macht eine grundlegende politische Kritik. Die institutionalisierte Produktion verhaltenskonformer Körper bildet den Unterbau bei der Entstehung moderner (demokratischer) Gesellschaften und setzt dadurch die demokratischen Freiheiten tendenziell außer Kraft.[164]

Drittens beinhaltet die Analyse der Disziplinarmacht eine Denaturalisierung des Körpers. Indem, wie Foucault sagt, „die Machtverhältnisse das Körperinnere durchziehen"[165], ist der menschliche Körper nichts Natürliches, sondern wird durch die Disziplinartechniken produziert. Das besondere moderner Machtverhältnisse ist demnach deren Griff nach dem Körper. Der Körper ist für Foucault kein Produkt der Natur, sondern der Gesellschaft.

---

[163]M. Foucault, ebenda, S. 248.
[164]Vgl. U. Marti, *Michel Foucault*, a. a. O., S. 93.
[165]Vgl. M. Foucault, *Dispositive der Macht*, a. a. O., S. 104.

2.3.3 Die Bio-Politik der Bio-Macht

Einen weiteren Aspekt in Foucaults Ausarbeitung der Genese moderner Machtverhältnisse stellt die von ihm so bezeichnete „Bio-Politik" dar. Konfrontiert die Analyse der Disziplinargesellschaft das freie souveräne Subjekt abendländischen Denkens mit dessen disziplinierten Körper, so geht es in der Analyse der Bio-Politik um die Entstehung der empirischen Sozialwissenschaften. Diese Bio-Politik ist, Foucault zufolge, als eine Technologie der so genannten Bio-Macht zu verstehen. In Foucaults Ausarbeitung lagert sich diese Bio-Macht zu Beginn des klassischen Zeitalters um zwei Pole herum. Bis zum Beginn des 19. Jahrhunderts bleiben diese Pole getrennt; dann schließen sie sich zusammen, um Machttechnologien zu bilden, die auch in der Gegenwart noch eine aktuelle Bedeutung haben:

> „Konkret hat sich die Macht zum Leben seit dem 17. Jahrhundert in zwei Hauptformen entwickelt, die keine Gegensätze bilden, sondern eher zwei durch ein Bündel von Zwischenbeziehungen verbundene Pole. Zuerst scheint sich der Pol gebildet zu haben, der um den Körper als Maschine zentriert ist. Seine Dressur, ... seine Integration in wirksame und ökonomische Kontrollsysteme-geleistet haben all das die Machtprozeduren der Disziplinen: politische Anatomie des menschlichen Körpers. Der zweite Pol, der sich etwas später-um die Mitte des 18. Jahrhunderts-gebildet hat, hat sich um den Gattungskörper zentriert, ... Die Fortpflanzung, die Geburten- und Sterblichkeitsrate, das Gesundheitsniveau, die Lebensdauer, die Langlebigkeit mit all ihren Variationsbedingungen wurden zum Gegenstand eingreifender Maßnahmen und regulierender Kontrollen: Bio-Politik der Bevölkerung. Die Disziplinen des Körpers und die Regulierungen der Bevölkerung bilden beide Pole, um die herum sich die Macht zum Leben organisiert."[166]

Demzufolge ist auch die Disziplinarmacht der Disziplinargesellschaft als ein Strang der „Bio-Macht" zu verstehen, und analog zu den sich rasch ausbreitenden disziplinierenden Institutionen schreitet auch der zweite Strang der „Bio-Macht", die regulierende Bio-Politik der Bevölkerung zügig voran. D. h., die beiden unterschiedlichen Techniken der Macht moderner Gesellschaften, die

---

[166]M. Foucault, *Der Wille zum Wissen*, a. a. O., S. 166.

Disziplinierung der Körper und die Überwachung der Bevölkerung stellen den Kern der Machttechnologien in der von Foucault so bezeichneten „Bio-Macht" dar. Allerdings sind ihre beiden Entwicklungsstränge im 18. Jahrhundert noch deutlich unterschieden.[167] Im Unterschied zur Disziplinarmacht, die den Körper zum Gegenstand hat, betritt erst Mitte des 18. Jahrhunderts die Bevölkerung als „ökonomisches und politisches Problem"[168] die Bühne der Machttechniken. Der Mensch als soziales Wesen ist nun von Interesse. Für Foucault bedeutet diese Bevölkerungspolitik der Bio-Macht eine Vereinahmung des Lebens durch die Macht,

> „ ... eine Art Machtergreifung in bezug auf den Menschen als Lebewesen, eine Art Verstaatlichung des Biologischen."[169]

Diese zweite Ergreifung durch die Macht ist nicht individualisierend, da sie sich nicht auf das einzelne Individuum und deren Körper konzentriert, sondern massenkonstituierend, indem sie das Leben der Bevölkerung zum Gegenstand hat. Durch demographische bzw. statistische Untersuchungen will die Bio-Politik der menschlichen Spezie die bio-soziologischen Prozesse der Menschenmassen, d. h. Geburtenrate, Mortalität, Lebensdauer, Epedemien etc., regulieren und kontrollieren:

> „Die Natalität, die Morbidität, die verschiedenen biologischen Unfähigkeiten, die Auswirkungen des Milieus sind es, bezüglich deren die Bio-Politik ihr Wissen erhebt und das Feld ihrer Machtinteressen definiert."[170]

Eine weitere Technik der Bio-Macht entwickelt sich demnach aus den zu diesem Zeitpunkt entstehenden empirischen Sozialwissenschaften. Für Foucault eine Technik der Macht, die auf das Leben zielt, weil sie die einer Bevölkerung eigenen Masseneffekte zusammenfaßt[171], verwaltet und reguliert, um so das Massenphänomen „Bevölkerung" besser kontrollieren zu können. Dies bedeutet: An die Stelle der alten souveränen „Todesmacht"[172] des feudalen Zeitalters treten nun die beiden Pole der Bio-Macht, deren gemeinsame Wurzel „die Macht zum Leben" ist. Zunächst noch voneinander geschieden, wird im 19.

---

[167]Vgl. M. Foucault, ebenda, S. 167.
[168]M. Foucault, ebenda, S. 37.
[169]M. Foucault, Leben machen und sterben lassen, S. 27, in: *Diss - Texte* Nr. 25.
[170]M. Foucault, ebenda, S. 32.
[171]Vgl. M. Foucault, ebenda, S. 36.
[172]Vgl. H. Fink-Eitel, *Michel Foucault*, a. a. O., S. 87.

Jahrhundert die Sexualität zum Kreuzungspunkt von Körper und Bevölkerung, d. h. zur zentralen Zielscheibe der Macht. Für Foucault wird die Sexualität deswegen zum Bindeglied der beiden Pole der Bio-Macht und damit zum Gegenstand politischer Auseinandersetzungen, weil durch die Sexualität sowohl ein Zugang zur Disziplinierung des Körpers, wie auch zur Regulierung der Gattung gewährleistet ist. Somit bietet der Bereich der Sexualität das ideale Fundament zur Disziplinierung und Regulierung von Menschen.[173]

---

[173]Vgl. M. Foucault, *Der Wille zum Wissen*, a. a. O., S. 173-175.

2.3.4 Das Sexualitätsdispositiv

Steht im Zentrum der Bio-Macht des 17. und 18. Jahrhunderts das zu verwaltende Leben, das den menschlichen Körper und die Bevölkerung zum Objekt des Interesses erhebt, so geht es Foucault nun darum die Art und Weise zu analysiercn, wie gesellschaftliche Machtverhältnisse seit dem 19. Jahrhundert bei der diskursiven Produktion einer historisch spezifischen Sexualität etabliert und erhalten werden. Foucault will zeigen, wie die Sexualität zum primären Ort der Macht wird, wie durch die diskursive Produktion hetärischer Sexualitäten der Sex[174] zum Angelpunkt der Machtausübung wird.

> „Kurz, es geht darum, das Regime von Macht-Wissen-Lust in seinem Funktionieren und in seinen Gründen zu bestimmen, das unserem Diskurs über die menschliche Sexualität unterliegt."[175]

Den Ausgangspunkt für Foucaults Überlegungen zur Formierung des Sexualdispositivs bildet die Kritik an denjenigen sexualtheoretischen Positionen, die sich ab Mitte der sechziger Jahre des 20. Jahrhunderts im Rekurs auf psychoanalytische und marxistische Denktraditionen formierten. Deren theoretische Positionen, die Foucault Repressionshypothese nennt, charakterisiert er anhand von drei zentralen Postulaten:

Es wird unterstellt, daß erstens ein natürlicher Kern von Sexualität existiere, dem neben subversiven Qualitäten auch eine emanzipative Funktion zugesprochen wird, daß zweitens die Macht wesentlich nach dem Modus der Unterdrückung funktioniere, und daß drittens ein struktureller Gegensatz zwischen Macht und Sexualität bestehe.[176] So schreibt er:

> „Die Idee vom unterdrückten Sex ist eben nicht nur eine theoretische Angelegenheit. Die Behauptung, daß die Sexualität nie härter unterworfen war als im Zeitalter einer heuchlerischen Bourgeoisie, ist an einen emphatischen Diskurs gekoppelt, der bestimmt ist, die Wahrheit über den Sex zu sagen und seine Ökonomie im Wirklichen zu modifizieren, das Gesetz umzustürzen, das ihn regiert und ihm eine neue Zukunft zu geben"[177]

---

[174]Foucault unterscheidet zwischen der Sexualität und dem Sex. Mit letzterem sind sexuelle Praktiken oder sexuelle Neigungen gemeint. Siehe dazu: M. Foucault, *Der Wille zum Wissen*, a. a. O., S. 187.

[175]M. Foucault, *Der Wille zum Wissen*, a. a. O., S.21.

[176]Vgl. A. Bührmann, *Das authentische Geschlecht*, a. a. O., S. 36.

[177]M. Foucault, *Der Wille zum Wissen*, a. a. O., S. 17.

Gegen die Vertreter der Repressionhypothese wendet Foucault folgende Gegenargumente ein: Weder hat die Repression des Sexes eine historische Evidenz, noch lassen sich die Mechanismen moderner Machtverhältnisse in Termini der Unterdrückung angemessen erfassen. Ebensowenig stellt für ihn ein an der Unterdrückung der Sexualität orientierter Diskurs die bestehenden Machtverhältnisse in Frage. Vielmehr gehören Diskurse dieser Art zu den hegemonial gewordenen Diskursformationen der modernen Macht.[178] Gleichwohl leugnet er nicht die Unterdrückung von Sexualität, vielmehr fragt er sich, ob man die Analyse zwischen Macht, Wissen und Sexualität am Begriff der Repression ausrichten müsse. Foucault hält es für angemessener, die Vertreter der Repressionshypothese in einer allgemeinen Ökonomie der Diskurse über den Sex anzusiedeln, wie sie seit dem 17. Jahrhundert im Innern der modernen Gesellschaften herrscht.[179] Der Hypothese der Zensur des Sexes, dem großen Tabuthema Sexualität, setzt er die These der „diskursiven Explosion", eine „Diskursivierung" des Sexes entgegen.[180] Die Vorgeschichte dieser „Diskursivierung" des Sexes reicht bis ins Mittelalter zurück. Sie haben in der Geständnispraxis der Beichte ihre Wurzeln. Schon hier ist die Sexualität über die Koppelung an die christliche Beicht- und Bußpraxis untrennbar mit der Macht verbunden:

> „Das Projekt einer Diskursivierung des Sexes hatte sich lange zuvor in einer asketischen und klösterlichen Tradition formiert."[181] Denn „spätestens seit dem Mittelalter haben die abendländischen Gesellschaften das Geständnis unter die Hauptrituale eingereiht, von denen man sich die Produktion der Wahrheit verspricht."[182]

Im Verlauf der Moderne konstatiert Foucault eine Modifikation der Geständnisverfahren, eine Vervielfältigung der Orte des Geständniszwanges und eine Expandierung der zu gestehenden Inhalte.[183]

> „Das Geständnis war und ist bis heute die allgemeine Matrix, die die Produktion des wahren Diskurses über den Sex beherrscht."

---

[178]Vgl. M. Foucault, ebenda, S. 20.
[179]Vgl. M. Foucault, ebenda, S. 8 und S. 20.
[180]M. Foucault, *Der Wille zum Wissen*, a. a. O., S. 21 und S. 27.
[181]M. Foucault, *Der Wille zum Wissen*, a. a. O., S. 31.
[182]M. Foucault, ebenda, S. 75.
[183]Vgl. M. Foucault, ebenda, S. 82.

Allerdings hat es beträchtliche Transformationen erfahren. Für lange Zeit war es fest in die Praktik der Buße eingebaut. Nach und nach aber ... hat es seine rituelle und exklusive Stellung verloren. ... Die Motivationen und Wirkungen haben sich ebenso vervielfältigt wie die Formen, die es annimmt."[184]

Es handelt sich folglich nicht mehr um eine Einheit von Diskurs und Institution, wie in der mittelalterlichen Beichtpraxis. Vielmehr wurde in den letzten Jahrhunderten diese

„relative Einheit zerlegt, verstreut und vermehrt" ... „durch eine Explosion verschiedener Diskursivitäten, die in der Demographie, der Biologie, der Medizin, der Psychiatrie, der Psychologie, der Moral, der Pädagogik und der politischen Kritik Gestalt angenommen haben"[185]

Der Vermehrung der Diskurse über den Sex entspricht wiederum eine Vermehrung der Machtbeziehungen. Einhergehend mit der Etablierung eines neuen Machtsystems kommt es zu Veränderungen des Sexualitätsdiskurses. In diesem Kontext konstituiert sich eine Verwissenschaftlichung des Wissens vom Sexuellen. Diese Verwissenschaftlichung bewirkt eine Transformation des Geständnisdiskurses.[186] Die Ausweitung des Diskurses über den Sex erfolgt über die institutionalisierte Verwissenschaftlichung der Sexualität und ist verbunden mit einer Verstreuung der Sexualitäten, einer Verstärkung ihrer verschiedenartigen Formen. Mit anderen Worten: Im Zentrum der Aufmerksamkeit steht die Vielzahl sexueller Heterogenitäten.[187] Von nun an gilt das Interesse nicht mehr der Kontrolle des ehelichen Sexes. Vermittels der Pädagogik der Medizin und der Ökonomie enteseht eine neue Technologie des Sexes, die den gesamten Gesellschaftskörper erfaßt und nahezu jedes Individuum der Überwachung unterzieht. Zielscheibe ist die infantile Sexualität, der weibliche Körper, die Geburtenkontrolle und die Klassifizierung der Perversionen.[188] Diese vier Figuren sind die priviligierten Wissensgegenstände und Verankerungspunkte von Machtunternehmungen die alle das Thema Sexualität betreffen.[189] Weit

---

[184]M. Foucault, ebenda, S. 81.
[185]M. Foucault, ebenda, S. 47.
[186]Vgl. Thomas Mies, Zu Michel Foucault: Sexualität und Wahrheit, S. 31, in: *Arbeitshefte Gruppenanalyse*, Schwerpunkt: Sexualität, Begehren und Metapher, 2/1990.
[187]M. Foucault, *Der Wille zum Wissen*, a. a. O., S. 51.
[188]Vgl. M. Foucault, ebenda, S. 126-127, S. 140.
[189]Vgl. M. Foucault, ebenda, S. 127.

davon entfernt, Sexualität zu unterdrücken oder zu kontrollieren, ist die Taktik des neuen Sexualitätsdispositiv die Produktion sexualisierter Körper und die Schaffung hetärischer Sexualitäten:[190]

> „Diese neue Jagd auf die peripheren Sexualitäten führt zu einer Einkörperung der Perversionen und einer neuen Spezifizierung der Individuen."[191] „Häufig sagt man, die moderne Gesellschaft habe die Sexualität auf die des Paares – des heterosexuellen und nach Möglichkeit legitimen Paares – einzuschränken gesucht. Ebensogut kann man sagen sagen, daß sie Gruppen mit vielfältigen Elementen und zirkulierender Sexualitäten wenn nicht erfunden, so doch sorgfältig angelegt und zum Wachsen gebracht hat."[192]

Die Strategie dieser Macht vollzieht sich demnach nicht durch die Anwendung juristischer Maßnahmen noch in der Aufstellung von Tabus. Sie vollzieht sich stattdessen durch Vermehrung spezifischer Sexualitäten.

> „Tatsächlich handelt es sich eher um die Produktion der Sexualität. Diese ist nämlich nicht als eine Naturgegebenheit zu begreifen, welche niederzuzwingen die Macht sich bemüht, und auch nicht als ein Schattenreich, den das Wissen allmählich zu entschleiern sucht. Sexualität ist der Name, den man einem geschichtlichen Dispositiv geben kann. Die Sexualität ist keine zugrundeliegende Realität, die nur schwer zu erfassen ist, sondern ein Oberflächennetz, auf dem sich die Stimulierung der Körper, die Intensivierung der Lüste, die Anreizung zum Diskurs, die Formierung der Erkenntnisse, die Verstärkung der Kontrollen und der Widerstände in einigen großen Wissens- und Machtstrategien miteinander verketten."[193]

Entgegen der Annahme der Vertreter der Repressionshypothese gibt es für Foucault keine natürliche Sexualität, auch hier findet eine Denaturalisierung statt. Sexualität wird weniger unterdrückt als durch einen spezifisch historischen Macht-Wissen-Diskurs erzeugt. Sexualität ist also ein Produkt einer

---

[190]M. Foucault, ebenda, S. 65.
[191]M. Foucault, ebenda, S. 58.
[192]M. Foucault, ebenda, S. 61.
[193]M. Foucault, *Der Wille zum Wissen*, a. a. O., S. 128.

spezifischen Macht-Wissen-Konstellation moderner Machtverhältnisse. Diese Machtkonstellation bewirkt durch die diskursive Produktion normaler wie anormaler Formen der Sexualität im Bereich der Wissenschaften, daß sich die Techniken der Macht, in Gestalt der vielfältigen Wissenschaften vom Sexuellen, bis in die geheimsten Lüste und Regungen der menschlichen Körper, zum Zwecke der Kontrolle einschleichen.

Ebenso widerspricht er einem weiteren gängigen Standpunkt in der Theorie der Sexualunterdrückung. Im Gegensatz zur Reppressionshypothese, die hauptsächlich von der Unterdrückung der Sexualität der unteren sozialen Schichten, zum Zwecke der besseren Arbeitskraftausnutzung ausgeht, stellen für Foucault Bereich und Ziel der Ausweitung und Anwendung des Sexualitätsdispositivs nicht die unteren sozialen Gruppierungen der Bevölkerung dar.

> „ ... die rigorosen Techniken wurden zunächst in den ökonomisch priviligierten und politisch führenden Klassen entwickelt und vor allem mit der größten Intensität eingesetzt." ... „in der bürgerlichen ... Familie wurde die Sexualität der Kinder und Heranwachsenden zum ersten Mal problematisiert; in ihr wurde die weibliche Sexualität mediziniert." ... „Sie war der erste Ort der Psychiatrisierung des Sexes."[194] „Demgegenüber sind die unteren Volksschichten dem Dispositiv der Sexualität lange Zeit entgangen."[195]

Für Foucault besteht die spezifisch strategische Funktion des Sexualdispositivs in der Selbsaffirmation des Bürgertums. Als Differenzierungselement gegenüber anderen sozialen Schichten dient das Sexualitätsdispositiv der Bourgeoisie. Dem blauen Blut des aristokratischen Körpers stellt die Klasse, die Hegemonie anstrebt, ihren eigenen Sex und ihren eigenen (disziplinierten) Körper gegenüber.[196] In der Ausbreitung des Sexualdispositivs des Bürgertums auf den gesamten Gesellschaftskörper im Laufe des 19. Jahrhunderts sieht Foucault den Ursprung für die Repressionstheorie. Erst durch die Verallgemeinerung des Sexualitätsdispositivs verändert sich der bürgerliche Diskurs über die Sexualität. Diese Form der Abgrenzung ist vom Verbot getragen.[197]

---

[194]M. Foucault, ebenda, S. 145.
[195]ders., ebenda, S. 146.
[196]M. Foucault, ebenda, S. 149-150.
[197]Vgl. ders., *Der Wille zum Wissen*, a. a. O., S. 154.

„Nunmehr verläuft die gesellschaftliche Differenzierung nicht mehr über die sexuelle Qualität des Körpers, sondern über die Intensität seiner Unterdrückung."[198] ... „Diejenigen, die das exklusive Vorrecht der Sorge um ihre Sexualität eingebüßt haben, genießen nunmehr das Privileg, stärker als andere die Verdrängung zu durchleiden und die Methode zu deren Aufhebung zu besitzen."[199]

Foucault entlarvt die Theorie von der unterdrückten Sexualität als einen erfolgreich durchgesetzten Diskurs einer nach Hegemonie strebenden Klasse. Gleichzeitig intendiert er dabei eine Kritik der zu dieser Zeit entstehenden Psychoanalyse. Auch sie gehört für Foucault zum Sexualitätsdispositiv. Die Psychoanalyse ist, nach Aussagen des Autors, als eine modifizierte Form des seit dem klassischen Zeitalter sich etablierenden Geständnisdiskurses anzusehen. Kurz: Die Psychoanalyse ist eine zum Sexualitätsdispositiv gehörende Diskursformation, die durch die Produktion von Wahrheitsdiskursen über angeblich verdrängte bzw. verbotene Formen des Sexes in die allgemeine Technologie der Sexualität der modernen Machtverhältnisse einzuordnen ist. Somit ist das theoretische Fundament der Repressionhypothese, welches im wesentlichen auf marxistisch, psychoanalytisch orientierten Ansätzen beruht, weit davon entfernt eine kritische Position außerhalb oder gegen die moderne Macht einzunehmen, ebenfalls als ein Bestandteil des Sexualitätsdispositivs anzusehen.[200]

[198]ders., ebenda, S. 155.
[199]ders., ebenda, S. 156.
[200]Vgl. ders., ebenda, S. 155-157.

3   Foucault in der Diskussion

3.1   Feministische Kritik an Foucault

Die Argumentation der feministischen Kritik an Foucault gliedert sich in zwei sehr verschiedenartige Diskussionsstränge. Die erste Position ist gekennzeichnet von der überwiegenden Akzeptanz des von Foucault vorgegeben Theorierahmens. Gegenstand dieser Kritik bildet seine nicht vorhandene Differenzierung zwischen den Geschlechtern. Denn in den Ausführungen Foucaults über die Formierung moderner Machtverhältnisse bleibt der systematische Ort der Kategorie „Geschlecht" im Dunkeln.[201] Auch Foucaults Infragestellung des Subjektbegriffs beruht nicht auf einer Unterscheidung geschlechtsspezifischer Konstitutionsmodi von Subjekten, sondern geht von einem, d. h. nicht geschlechtsspezifischen Prozeß der Subjektproduktion aus.

Die zweite Position indessen beruht auf einer fundamentalen Kritik an Foucault. Kernpunkte dieser feministischen Foucault Interpretation sind zum einen die Frage der Möglichkeit von widerständigem Handeln angesichts seines ubiquitären Machtkonzepts. Zum anderen wird mit dem Verweis auf Aporien in Foucaults Theorie problematisiert, auf welcher Basis Kritik überhaupt geäußert werden kann, wenn man, wie Foucault, die Souveränität eines handelnden Subjekts und normative Grundlagen von Kritik zur Disposition stellt. Auf diese Weise markieren beide Auffassungen in ihrer sehr verschiedenartigen Lesart auch zwei unterschiedliche Positionen zum Thema Feminismus und Poststrukturalismus. Wird im ersten Fall der androzentristische Blickwinkel eines poststrukturalistischen Theorieansatzes kritisiert, Foucaults Werkzeugkiste für feministische Theoriebildung jedoch akzeptiert, befürchtet die zweite Position die Unterminierung feministischer Politikfähigkeit. Was wiederum von den Verteidigerinnen der Foucaultschen Theorie bestritten wird. Diese unterschiedlichen Auffassungen sollen, verstanden als Teil der feministischen Debatte über Foucault, im folgenden näher erläutert werden.

---

[201]Vgl. A. Bührmann, *Das authentische Geschlecht*, a. a. O., S. 50.

3.2 Frauen als Gleiche unter Gleichen?
Foucaults Geschlechterindifferenz

Vertreterinnen der ersten Position, wie z. B. Andrea Bührmann, die in ihrer Dissertation mit der archäologischen Methode von Foucault arbeitet, kritisieren an ihm folgendes: Zwar denaturalisiert Foucault in seinen Analysen die Naturhaftigkeit der Körper und spricht im Rahmen des sich formierenden Sexualitätsdispositivs von der Hysterisierung des weiblichen Körpers. Jedoch problematisiert Foucault nicht, wie und warum die biologische Zweigeschlechtlichkeit in die Vielfältigkeit der Körper eingeschrieben worden ist. Dabei übersieht er, daß gerade über die Installierung der biologischen Zweigeschlechtlichkeit erst diejenigen Grundelemente und Bedingungen geschaffen werden konnten, auf denen das von Foucault beschriebene Sexualitätsdispositiv basiert. Das Sexualitätsdispositiv scheint also nicht nur auf der Formierung der Disziplinartechniken und den inquisitorischen Beichttechniken, ihrer Optimierung sowie Ausweitung zu basieren, sondern vielmehr auch auf der Hervorbringung der Vorstellung von zwei biologischen Geschlechtern als Naturtatsache.[202] Dieser Geschlechterdualismus etabliert sich im Rahmen einer von Foucault weitgehend ignorierten Diskursexplosion über das Geschlechterverhältnis in den Humanwissenschaften.[203]

Denn etwa im späten 18. Jahrhundert ändert sich die sexuelle Natur des Menschen. Das alte Ein-Geschlecht-Modell, in dem Frauen nur graduell von Männern unterschieden wurden, d. h. minderwertige Männer waren, wurde von einem neuem Modell eines radikalen Dimorphismus und der biologischen Verschiedenheit verdrängt. Die Auffassung von der Frau wird nun von einer Anatomie und Physiologie der Unvergleichlichkeit geprägt, die an die Stelle der Metaphysik der Hierarchie rückt. Seit dem 18. Jahrhundert ist es die vorherrschende Ansicht, daß es im Körperlichen zwei feststehende, inkommensurable und gegensätzliche Geschlechter gibt. Dies bedeutet, mit Entstehung der Humanwissenschaften kommt es zu einer fundamentalen Transformation von dem Ein-Geschlecht-Modell zum Zwei-Geschlecht-Modell.[204] Damit verbunden ist die Genese einer weiblichen Sonderanthropologie,[205] die Entdeckung des Weibes mit eigenständiger psycho-physiologischer Austattung in medizinischen und philosphischen Diskursen. Im Verlauf dieser diskursiven Explosion der Problematisierung der Geschlechterdualität wird die soziale und sittliche

[202]Vgl. A. Bührmann, *Das authentische Geschlecht*, a. a. O., S. 50-51.

[203]ebenda.

[204]Vgl. T. Laqueur, *Auf den Leib geschrieben*, Frankfurt/New York 1992,S. 17-19 und S. 30.

[205]Vgl. C. Honegger, *Die Ordnung der Geschlechter*, Frankfurt/New York, 1991.

Aufgabenverteilung zwischen den Geschlechtern immer mehr mit der Natur des Körpers begründet und an der Grundstruktur der Körper abgelesen. Mit anderen Worten: Die soziale Ordnung der Geschlechter wurde mit dem natürlichen Unterschied der Geschlechtskörper begründet. Diese diskursive Explosion über die Zweigeschlechtlichkeit entwickelt sich innerhalb eines von Bührmann sogenannten Geschlechterdispositivs. Demzufolge bildet die Veränderung des Geschlechterverhältnisses eine fundamentale Voraussetzung für die Etablierung der von Foucault analysierten modernen Machtverhältnisse. Das sich mit diesen Machtverhältnissen formierende Sexualitätsdispositiv ruht wiederum, als deren Effekt, auf dem Geschlechtsdispositiv. Analog verhält es sich mit Foucaults Analyse der Disziplinargesellschaft. So sind die von Foucault untersuchten institutionalisierten Mikrotechniken der Macht, wie z. B. die Bereiche Bildung, Militär und für die bürgerliche Schicht der Frauen der Bereich der Arbeit, in den meisten Fällen vom Auschluß des weiblichen Geschlechts gekennzeichnet. Schon allein dieser Hinweis macht deutlich, daß die Produktion weiblicher Körper durch andere machtvolle Techniken vollzogen wird. Der auf der Genese des Geschlechterdualismus beruhende geschlechtsspezifische Charakter der Disziplinartechnologien entfaltet seine Wirkungskraft dagegen durch die Produktion eines spezifisch weiblichen Geschlechtscharakters, d. h. der Hervorbringung einer Korrespondenz zwischen biologischem und sozialem Geschlecht. Die damit verbundene Produktion von Weiblichkeitsidealen, wie z. B. die Bestimmung der Frau als Hausfrau und Mutter, aber auch die Festlegung des weiblichen Interesses auf Mode- und Schönheitsideale etc., legt Strukturen offen, die Foucault innerhalb seiner Theorie der Disziplinargesellschaft nicht berücksichtigt hat.

Auch hier gerät das asymmetrische Geschlechterverhältnis nicht in sein Blickfeld, so daß er fälschlicherweise unterstellt, Frauen und Männer seien in gleicher Weise in die Mikrophysik der Macht involviert.[206] Mit dieser Setzung der Frau als „Gleiche unter Gleichen"[207] wird Foucaults genealogische Analyse der Disziplinarmacht, trotz vielfältiger gelungener Detailanalysen, unspezifisch und undifferenziert.

Ein weiterer Einwand betrifft Foucaults Theorie der diskursiven Produktion hetärischer Sexualitäten, d. h. der Diskursivierung „anormaler" sexueller Praktiken. Foucaults Bezugspunkt bei der Analyse des Sexualitätsdispositivs bildet die Politik der sexuellen Befreiung der „antiautoritären Bewegung" seit 1968,

---

[206]Vgl. J. Sawicki, Foucault, Feminismus und Identitätsfragen, in: *Deutsche Zeitschrift für Philosophie*, Heft 4/1994; S. 609-633, H. Bublitz, Macht - Diskurs - Körper - Leben, in: *metis*, Heft 1/1993, S. 71-81.
[207]H. Bublitz, Macht-Diskurs-Körper-Leben, in: a. a. O., S. 77.

deren politischen Argumente er kritisiert. Der Nexus Macht, Körper und Sexualität stellt hierbei die Grundlage seiner Gegenargumentation. Da er aber in diesem Zusammenhang die Asymmetrie des Geschlechterverhältnisses ebensowenig thematisiert, wie die feministische Kritik an androzentristischen Politiken der „antiautoritären Bewegung", kann er auch nicht die Machtverhältnisse in bezug auf Sexualität innerhalb des Geschlechterverhältnisses in Betracht ziehen. Sexuelle Gewalt als Ausdruck dieses Machtverhältnisses scheint es in seiner Theorie nicht zu geben. Auf diese Weise wird sein Konzept der diskursiven Produktion hetärischer Sexualitäten sehr problematisch. Mangels konkreter Differenzierung kommt es bei Foucault zu Gleichstellung der diskursiven Produktion schwuler und lesbischer Sexualitäten, wie auch von Inzest, sexuellem Mißbrauch an Kindern und anderen Formen sexueller Gewalt.[208]

---

[208]Siehe dazu: M. Foucault, Der Wille zum Wissen, a. a. O., S. 44-45 und S. 156-157.

3.3 Feminismus und Foucault. Ein prekäres Bündnis?

Im Mittelpunkt der Diskussion für diese Richtung der feministischen Kritik an Foucault steht dessen theoretische Prämisse der diskursiven Produktion des Subjektes und die Frage nach den normativen Grundlagen von politischem Handeln. Einerseits betonen Vertreterinnen dieser Richtung eine gewisse Affinität der feministischen Subjektkritik mit der Subjekttheorie von Foucault: Indem die feministische Subjektkritik das universal gesetzte abendländische Subjekt der Vernunft als ein männliches entmystifiziert und damit relativiert, kommt sie der Foucaultschen Position recht nahe. Andererseits befürchten dieselben feministischen Theoretikerinnen wie z. B. Benhabib,[209] daß mit dem Foucaultschen Modell der Konstituierung des Subjekts durch Sprache die Auflösung des Subjekts einhergehe und damit auch die Möglichkeit von Intentionalität, Selbstreflexivität und Autonomie. Kurz: Die Handlungsfähigkeit des Subjekts selbst stehe auf dem Spiel. Wenn das Subjekt nichts als die Menge seiner möglichen Bezeichnungen darstellt, so die Frage, wie kann dann noch ein kritischer Eingriff in die Bezeichnungspraxis erfolgen, d. h. wie und auf welche Weise ist Veränderung möglich? Benhabib sieht in diesem diskurstheoretischen Ansatz die Handlungsfähigkeit feministischer Politik bedroht.

Andere feministische Theoretikerinnen wie N. Hartstock[210] finden es auffällig, daß die poststrukturalistische These von der diskursiven Konstruktion des Subjekts den Anspruch auf den Status des Subjektes gerade zu der Zeit verabschiedet, in dem Frauen, viele Randgruppen und nicht-westliche Völker begonnen haben, das Schweigen zu brechen, um sich selbst als Subjekt einzuklagen. Sie sehen darin lediglich eine Umkehrung männlicher Überheblichkeit. Nun, da das hegemoniale Subjekt des weißen westlichen Mannes seinen Status bedroht sieht, zieht er daraus die Schlußfolgerung, daß es kein Subjekt gibt. Hierin sehen diese Theoretikerinnen die potentielle Gefahr, die privilegierte Position des westlichen Mannes zu bewahren.

Gegenteiligen Meinungen zufolge beruht diese Argumentation auf einigen Fehldeutungen. Foucaults Theorie der Konstitution des Subjekts durch Sprache intendiert nicht dessen Auflösung, sondern dessen Dezentralisierung. Wie er in seiner Machttheorie darlegt, konstituiert sich das Subjekt durch heterogene, widersprüchliche Diskurse, die um Hegemonie ringen. Die Schnittstelle dieser

---

[209]S. Benhabib, Feminismus und Postmoderne, S, 221-258, in: dies., *Selbst im Kontext*, Frankfurt 1995.
[210]Vgl. F. E. Mascia-Lees, P. Sharpe, C. B. Cohen, Die postmoderne Wende in der Anthropologie: Vorbehalte aus feministischer Sicht, S. 209-243, in: G. Rippl (Hg.), *Unbeschreiblich Weiblich*, Frankfurt 1993.

vielfältigen Diskurse bildet den Ort des Subjekts. Dies bedeutet, daß der Diskurs, weit davon entfernt eine homogene Einheit zu sein, ein instabiles widersprüchliches Subjekt konstituiert. Ein Subjekt, daß sich aus verschiedenen Elementen zusammensetzt und auf diese Weise dezentralisiert wird. Andererseits bedeutet dieser Mangel an diskursiver Einheit und Einheitlichkeit die Möglichkeit, unterschiedliche Subjektpositionen einnehmen zu können. Damit wird der Idee eines einzigen und homogen strukturierten Subjekts widersprochen. Foucault arbeitet demzufolge mit einem doppelt erweiterten Subjektbegriff. Die eine Ebene der Dezentralisierung des Subjekts ermöglicht die Wahrnehmung bisher ignorierter differenter Elemente innerhalb des Subjekts, während die zweite Ebene von der Konstituierung ganz unterschiedlicher Formen des Subjektseins, anstelle des einen, immer gleichen Subjekts ausgeht. Ziel dieser Kritik von Foucault ist das epistemologische Subjekt der Neuzeit, dessen Selbstidentität und Homogenität sich selbst für den Diskurs des „Einen" hält und blind ist für alles Abweichende und Andersartige. Insofern wird weniger das Subjekt und dessen Handlungsfähigkeit aufgegeben denn seine vermeintlich homogene Struktur.[211]

Die Frage nach den normativen Grundlagen von Kritik stellt einen weiteren Schwerpunkt der Diskussion dar. So argumentiert z. B. Fraser,[212] daß Foucault sich in Selbstwidersprüche begebe, wenn er Widerstand der Unterwerfung vorziehe und sich dafür einsetze, daß die jeweiligen Machtverhältnisse bekämpft werden sollen, und es gleichzeitig ablehnt, Normen zu entwickeln. In Foucaults politischer Theorie der Macht bleibe unklar, was und von welchem Standpunkt aus er kritisieren möchte. Da er kein kohärentes Konzept normativer Grundlagen für eine politische Kritik seiner Machttheorie entwickle, könne er nicht zwischen annehmbaren und unannehmbaren Formen der Macht unterscheiden. Fraser weist daraufhin, daß sowohl eine Kritik der Gesellschaft als auch alternative Gesellschaftsentwürfe normativer Kriterien bedürfen, sogar mehr noch, stets auf diesen basieren. Ein weiterer Vorwurf innerhalb dieses Kontextes lautet denn auch, auf welcher Grundlage widerständiges Handeln überhaupt möglich sein soll, wenn es kein „Außerhalb der Macht" gibt. Gegen diese beiden weit verbreiteten Auffassungen, wonach Macht und Widerstand zwei völlig unterschiedliche Dinge sind, also nur dann von Widerstand gesprochen werden kann, wenn er der Macht entgegengesetzt und darin letztlich rechtlich oder moralisch begründet wird, wendet Maihofer[213] ein, daß sie auf einem ahistorischen, universellen angesiedelten Normbegriff beruht. Foucault

[211]Vgl. C. Weedon, *Wissen und Erfahrung*, Zürich 1990.
[212]Vgl. N. Fraser, *Widerspenstige Praktiken - Macht, Diskurs, Geschlecht*, Frankfurt 1994, S. 50
[213]Vgl. A. Maihofer, *Geschlecht als Existenzweise*, Frankfurt 1995, S. 126-129.

problematisiert diese Vorstellung des normativen Universalismus, weil die in der Idee universaler Normen und Werte inhärenten ausgrenzenden Praktiken nicht erfaßt werden können. Für Foucault, so Maihofer, signalisiert der Wunsch nach gesicherten normativen Standpunkten Autoritätsgläubigkeit. Das Beharren auf universellen Standards birgt die Gefahr einer totalitären Geste. Aus diesem Grund sind Normen für Foucault ein gesellschaftliches Phänomen, die sich nicht nur stets partikular innerhalb einer historisch spezifischen Gesellschaft begründen, sondern auch als konstitutives Element bestehender gesellschaftlicher Macht- und Herrschaftsverhältnisse begriffen werden müssen. D. h., hiernach besteht kein Gegensatz zwischen Widerstand bzw. Normen und Macht. Im Gegenteil; Auseinandersetzungen um Normen sind immer zugleich Auseinandersetzungen um gesellschaftliche Machtverhältnisse. Insofern sind Normen nicht allein Kriterien der Kritik und Regelungsformen von Konflikten, sie sind stets auch normierend und disziplinierend.[214] Foucaults Weigerung normative Grundlagen für politisches Handeln zu entwickeln, im Sinne von Widerstandsstrategien für soziale Bewegungen oder Thesen für eine gerechtere Gesellschaft, resultiert demzufolge aus seiner Kritik an universalen normativen Grundlagen und deren Tendenz, die eigenen Konstitutionsbedingungen auszublenden. Die Legitimationstandards für politisches Handeln entwickeln sich zwar immer innerhalb einer spezifisch kulturell-historisch gegebenen Gesellschaftsformation, was aber nicht bedeutet, daß es keine normativen Maßstäbe mehr gibt. Lediglich ihr universeller Anspruch wird relativiert.

---

[214]Vgl. A. Maihofer, Politische Möglichkeiten feministischer Theorie, S. 96, in: *Die Philosophin*, Heft 11/1995.

4   Feministischer Poststrukturalismus

4.1   Der Einfluß von Foucault auf den feministischen Poststrukturalismus

Der feministische Poststrukturalismus[215] übernimmt von Foucault die in seiner Analyse der Macht entwickelte Macht-, Subjekt-, Körper- und Sexualitätstheorie. Kernpunkte dieser Theorie sind:

- Foucaults Feststellung, daß es „kein außerhalb der Macht" gibt.
- Die diskursive Produktion des Subjekts, in Verbindung mit dessen Dezentralisierung.
- Die Denaturalisierung von Körper und Sexualität.

Ausgangspunkt für die Rezeption der Machtanalyse von Foucault im feministischen Poststrukturalismus ist die Kritik an der Theorie des „feministischen Subjekts" und der Kategorie „Geschlecht", die von unterschiedlichen, zum Teil eher marginalisierten feministischen Positionen formuliert wurden. Seit den Achtzigern haben vor allem lesbische Frauen, farbige Frauen und Frauen aus der „Dritten Welt" das hegemoniale feministische Theoriemodell und die daraus resultierenden Definitionen der Kategorien „Frau" und „Geschlecht" beanstandet. Im Zentrum ihrer Kritik steht der Vorwurf, das hegemoniale feministische Theoriemodell repräsentiere im wesentlichen die politischen Interessen von weißen, heterosexuellen, westeuropäischen und nordamerikanischen Frau-

---

[215]Um nicht den Eindruck zu erwecken, der feministische Poststrukturalismus sei im Gegensatz zu den unterschiedlichen poststrukturalistischen Ansätzen in Frankreich eine homogene Einheit, sei hier in aller Kürze auf einige feministisch poststrukturalistische Ansätze eingegangen: Es gibt zum einen die in den Achtzigern, innerhalb der Gleichheit- und Differenz-Debatte bekannt gewordenen Französinnen Irigaray, Kristeva und Cixous, die unter Bezugnahme von Lacans Subjekttheorie und der dekonstruktivistischen Methode von Derrida, recht unterschiedlich konzipierte feministische Subjekttheorien entworfen haben. So versucht Irigaray, ausgehend von der Kritik an der abendländischen Philosphiegeschichte, eine eigenständige weibliche symbolische Ordnung zu entwerfen. Kristeva wiederum stellt der „normalen" Sprache im Symbolischen das „Semiotische", verstanden als eine Form weiblichen Sprechens, gegenüber. Und schließlich Cixous: Sie sucht nach einer Form weiblichen Schreibens, einer Ökonomie des Weiblichen, die die hegemoniale sprachliche Ordnung zerstört. Zum anderen gibt es z.B. Gayatri Spivak, die Derrida ins Englische übersetzt hat. Sie arbeitet auf der Grundlage von Lyotard und Derrida zum Thema (Post)-Kolonialismus und Frauen in der „Dritten Welt". Mit anderen Worten: Auch der feministische Poststrukturalismus ist ein sehr heterogenes Phänomen. Gleichwohl ist der feministische Poststrukturalismus der Neunziger hauptsächlich von der Rezeption des poststrukturalist-ischen Theoretikers Foucault gekennzeichnet, was in diesem Kapitel vorgestellt werden soll.

en des Mittelstandes.[216] In der Übernahme poststrukturalistischer Theoriemodelle, insbesondere des Ansatzes von Foucault, sieht demzufolge diese politische Richtung feministischer Theoretikerinnen die Möglichkeit zur Kritik an hegemonial gewordener feministischer Theorie. So wird an dem feministischen Subjekt, der Kategorie „Frau", kritisiert, daß dieses feministische Konzept im wesentlichen auf der Vorstellung einer universell gesetzten Kollektividentität beruht. Grundlage dieser Kollektividentität „Frau" bildet die Annahme eines quer durch alle Kulturen existierenden authentischen Kerns von Weiblichkeit. Feministische Poststrukturalistinnen weisen, unter Verwendung von Foucaults Thesen, auf die problematischen Aspekte solcher theoretischen Prämissen hin. Für Vertreterinnen des feministischen Poststrukturalismus konstituiert sich ein Subjekt, analog zu Foucault, als Effekt gesellschaftlicher Machtverhältnisse. Feministinnen, die sich auf die Existenz einer prä-diskursiven Essenz des feministischen Subjekts berufen, verkennen auf diese Weise die Funktionsmechanismen moderner Machttechniken. Denn wie Foucault in seiner genealogischen Machtuntersuchung nachzuweisen versucht, wird das Subjekt nicht nur innerhalb einer historisch gegeben Macht-Wissen-Konstellation diskursiv produziert, sondern ist darüber hinaus die zentrale Instanz des Macht-Wissen-Regimes moderner Machtverhältnisse. Somit ist der Versuch, ein feministisches Subjekt, d. h. die Kategorie „Frau" zu definieren, selbst ein Effekt moderner Machtverhältnisse. Mit anderen Worten: Feministische Politik, die auf der Grundlage einer feministischen Subjektkategorie arbeitet, ist in genau diejenigen Machtverhältnisse involviert, gegen die sie opponieren will. Aus diesem Grund plädieren feministische Poststrukturalistinnen dafür, anstelle von Identitätspolitiken, die mit Subjektkategorien arbeiten, die Prozesse und Legitimationssstrukturen[217] der Subjektkonstituierung zum Ausgangspunkt feministischer Politik zu machen.

In diesem Zusammenhang bildet die mit der Kategorie „Frau" verbundene Annahme eines homogenen universellen weiblichen Subjekts einen weiteren Gegenstand der Kritik. Für feministische Poststrukturalistinnen ignoriert die These eines universal, einheitlichen feministischen Subjekts die Differenz unter Frauen. Dem diskurstheoretischen Ansatz Foucaults folgend, gehen sie von einem widersprüchlichen heterogenen Subjekt aus, das sich innerhalb spezifischer, sich widersprechender diskursiv-gesellschaftlicher Kräfteverhältnisse

[216]Vgl. dazu die Einschätzungen von: R. Braidotti, „Gender und Post-Gender", S. 7-31, in: *Facetten feministischer Theoriebildung*, Bd. 14/1994; S. Benhabib, „Die Quellen des Selbst" in der zeitgenössischen feministischen Theorie, S. 12-33, in: *Die Philosophin*, Heft 11/1995; G.-A. Knapp, Politik der Unterscheidung, S. 262-288, in: *Geschlechterverhältnisse und Politik*, hrsg. v. Institut für Sozialforschung, Frankfurt 1994.

[217]Vgl. J. Butler, *Das Unbehagen der Geschlechter*, a. a. O., S. 20.

konstituiert. Auf diese Weise wird die Homogenität und Universalität des feministischen Subjekts in verschiedene Elemente aufgeteilt und somit dezentralisiert. Die vom feministischen Poststrukturalismus vorgenommene Dezentralisierung der feministischen Kategorie „Frau" intendiert damit zum einen die Differenz unter Frauen adäquater erfassen zu können, beabsichtigt aber gleichzeitig eine Absage an universalistisch argumentierende feministische Politikformen.

Auch der Einwand zur zweiten grundlegenden Kategorie feministischer Theorie, der Kategorie „Geschlecht", richtet sich gegen bisherige theoretische Prämissen feministischer Theoriebildung. Im Mittelpunkt dieser Kritik steht das feministische „sex-gender"-System. Die sich in den Siebzigern etablierende Aufteilung der Kategorie „Geschlecht" in „sex" und „gender", beabsichtigte mit dieser Aufteilung, der mit dem Geschlecht der Frau begründeten gesellschaftlichen Benachteiligung von Frauen begegnen zu können. Der Begriff „Sex" bedeutete in diesem Zusammenhang das biologische Geschlecht, der Begriff „gender" das soziale Geschlecht. Durch dieses Konzept konnten traditionelle Weiblichkeitszuschreibungen als soziale Konstruktion entlarvt und die gesellschaftliche Subordination von Frauen nicht mehr mit ihrer Biologie begründet werden. Ebenfalls ermöglichte dieses Modell, die Unterschiede zwischen Frauen und Männern als Wirkung sozialer Zuschreibungen und nicht mehr mit biologischen Ursachen zu erklären.[218] An dieser Aufteilung wird vom feministischen Poststrukturalismus die mangelnde Konzeptualisierung des biologischen Geschlechts beanstandet.

Im Gegensatz zur Auffassung eines natürlich gegeben biologischen Geschlechtskörpers, wie er in der „sex-gender" Unterteilung zum Audruck kommt, wird die angebliche Natürlichkeit des Körpers im feministischen Poststrukturalismus zum Problem. Den Bezugsrahmen stellt hierbei die von Foucault vorgenommene Denaturalisierung von Körper und Sexualität. Übereinstimmend mit Foucault konstituiert sich für den feministischen Poststrukturalismus der Körper als Bestandteil gesellschaftlicher Machtverhältnisse, d. h. als Produkt diskursiver und nicht-diskursiver Elemente eines gegeben Dispositivs. Die Produktion sexuell bestimmter Körper, das System der auf Hierarchie beruhenden Zweigeschlechtlichkeit, ist somit auch als integraler Bestandteil gesellschaftlicher Machtverhältnisse zu verstehen. Da aber das „sex-gender"-Modell diesen Aspekt nicht thematisiert, reproduziert die „sex-gender"-Trennung gerade in ihrem ausdrücklichen Insistieren auf einer Trennung zwi-

---

[218]Vgl. D. Haraway, Geschlecht, Gender, Genre. Sexualpolitik eines Wortes, S. 22-42, in: K. Hauser, *Viele Orte. Überall?*, Hamburg 1987; M. McIntosh, Der Begriff „Gender", S. 845-861, in. *Das Argument*, Nr. 190/1991.

schen biologischen und sozialen Geschlecht den Geschlechterdualismus, zu dessen Veränderung dieses Modell eigentlich beitragen wollte.[219] Die Alternative besteht für den feministischen Poststrukturalismus in der Auflösung der „sex-gender"-Trennung hin zur Untersuchung der Funktionsmechanismen der diskursiven Produktion von Geschlecht. Wobei im Mittelpunkt des Interesses die Konstitutionsmodi des geschlechtlich bestimmbaren Körpers, der Geschlechtsidentität und deren Bedeutung für Gesellschaft steht.

Zusammenfassend läßt sich also sagen, die derzeitige Position feministischer Poststrukturalistinnen ist ein Resultat innerfeministischer Kritik, zu der Foucault das theoretische Fundament geliefert hat. Gleichwohl befinden sich feministisch poststrukturalistisch orientierte Untersuchungen noch in ihren Anfängen, überwiegend ist die gegenwärtige Situation von internen feministischen Diskussionen zu Risiken und Chancen poststrukturalistischer Paradigmen geprägt. Als Folge dieser Debatten ist eine kaum noch überschaubare Flut an Artikeln zu verzeichnen, in deren Zentrum die Auseinandersetzung über feministisch postrukturalistische Theorieansätze steht.[220] Erst langsam kommt es gegenwärtig im Verlauf dieser innerfeministischen Diskussion zu einer Veränderung der theoretischen Grundlagen und einer Verschiebung des Forschungsinteresses. Auf theoretischer Ebene kennzeichnet diese Veränderung den Wechsel von historischen, soziokulturellen Paradigmen hin zu sprach- und kulturtheoretischen Prämissen. Der Wandel der Fragestellung von der „Strukturkategorie Geschlecht" hin zu den Mechanismen der „diskursiven Produktion von Geschlecht" signalisiert eine Akzentverschiebung auf der Ebene feministischer Forschungsansätze. Insofern ist folgende Darstellung feministisch poststrukturalistischer Theoretikerinnen, die alle auf der Grundlage von Foucaults Theorierahmen arbeiten, ein Anzeichen für die sukzessive Etablierung feministisch poststrukturalistischer Wissenschaftsansätze. Gleichzeitig verweisen die Arbeiten von Judith Butler, Andrea Bührmann und Irena Sgier[221] auf eine ebenso eigenständige wie heterogene Weiterentwicklung von Foucaults Macht-, Subjekt-, Körper- und Sexualitätstheorie. Beginnen werde

---

[219]Vgl. A. Maihofer, *Geschlecht als Existenzweise*, Frankfurt 1995, S. 69-76.

[220]Als Beispiel seien hier genannt: E. Haas (Hg.), *Verwirrung der Geschlechter*, München 1995; U. Pasero, F. Braun (Hg.), *Konstruktion von Geschlecht*, Pfaffenweiler 1995; *Feministische Studien*: Kritik der Kategorie Geschlecht, 2/1993; *Geschlechterverhältnisse und Politik*, hrsg. v. Institut für Sozialforschung Frankfurt, Frankfurt 1994; T. Wobbe, G. Lindemann, *Denkachsen - Zur theoretischen und institutionellen Rede von Geschlecht*, Frankfurt 1994; S. Benhabib, J. Butler, D. Cornell, N. Fraser, *Der Streit um Differenz*, Frankfurt 1993.

[221]Vgl. J. Butler, *Das Unbehagen der Geschlechter*, Frankfurt 1991; A. Bührmann, *Das authentische Geschlecht*, Münster 1995; I. Sgier, *Aus eins mach zehn und zwei lass gehn - Zweigeschlechtlichkeit als kulturelle Konstruktion*, Bern 1994.

ich mit Judith Butler, die, aufbauend auf der Foucaultschen Machtdefinition und seiner Diskurstheorie, zum ersten Mal die Frage nach der Geschlechterkonstruktion und der diskursiven Produktion von Geschlecht formuliert hat und seitdem zum Dauerthema in der feministischen Diskussion gehört. Daran anknüpfend, werde ich die Untersuchung von Andrea Bührmann vorstellen. Sie versucht in ihrem Buch nachzuweisen, daß die Sexualitätsdebatte der neuen Frauenbewegung sich am Modell der Unterdrückung durch Machtverhältnisse orientiert, und ein feministisches Subjekt auf der Grundlage eines authentischen weiblichen Körpers und einer authentischen weiblichen Sexualität entwickelt. Dadurch kann ihrer Ansicht zufolge, die feministische Sexualitätsdebatte im Horizont von Focaults Disziplinarmacht und Sexualitätsdispositiv betrachtet werden. Die anschließende Darstellung der Arbeit von Irena Sgier beabsichtigt, ausgehend von Foucaults Dispositiv diskursiver und nicht- diskursiver Elemente, eine Form der Wissenschafts- und Institutionenkritik. Gegenstand ihrer Analyse ist die Kindergynäkologie, verstanden als eine gesellschaftliche Einrichtung die sich an der gesellschaftlichen Produktion von Zweigeschlechtlichkeit beteiligt, indem sie in Form medizinisch institutionalisierter Diskurspraktiken das Geschlecht des kindlichen Körpers produziert und einkörpert.

Schließlich sei an dieser Stelle noch bemerkt, daß folgende Darstellung der drei zuvor genannten Autorinnen ausschließlich im Hinblick auf deren Bezugnahme zu Foucault erfolgt und keine umfassende Besprechung des Gesamtwerkes beabsichtigt.

4.2   Zur Kritik an feministischer Kategorienbildung

Der viel diskutierte Ansatz von Butlers Kritik an den Prämissen feministischer Theoriebildung kann, meiner Ansicht zufolge, als begründender Theorierahmen für die gegenwärtige feministisch poststrukturalistische Foucault-Rezeption verstanden werden, die sich allerdings, um es noch einmal zu betonen, erst in einem Anfangsstadium befindet. Aus diesem Grund wird sich folgende Darstellung von Butler an ihrer Kritik der Grundlagen feministischer Theorie orientieren, die sie unter Verwendung von Foucault entwickelt.[222]

Butler rezipiert Foucault, weil, wie sie schreibt, seine genealogische Untersuchungen von Macht signifikante Konsequenzen für die feministische Theorie enthalten. Zentral erscheint ihr dabei der Aspekt in Foucaults Machtdefinition, der die traditionelle Vorstellung einer binär strukturierten und repressiven Macht, im Sinne von Herrscher und Beherrschten außer Kraft setzt. Butler zufolge bietet dieser machtanalytische Ansatz von Foucault Strategien zur Subversion der Geschlechterhierarchie. Sie interpretiert Foucault dahingehend, daß seine genealogische Methode, die binär und repressiv gesetzte Organisationsform von Macht zu pluralisieren und zu dezentralisieren, auch ein Ansatz ist, die ebenfalls binär und hierarchisch strukturierte Geschlechterordnung kritisch zu hinterfragen.[223] Dies ist für Butler dadurch möglich, weil sie mit Foucault davon ausgeht, daß die jeweiligen Machtverhältnisse Effekte eines hegemonial gewordenen kulturellen Diskurses sind. Demzufolge faßt Butler die hegemonial gewordene binäre Organisationsform des Geschlechterverhältnisses als Effekt einer spezifischen Machtformation auf. D. h., die gegenwärtige Macht sichert ihre Hegemonie durch die Produktion eines binären Geschlechtercodes ab. Gleichzeitig verwirft sie, auf Foucault bezugnehmend, die Idee einer subversiven Position außerhalb der Macht, von der aus gegen die angeblich repressive Macht opponiert werden kann. Dieser theoretische Rah-

---

[222]An dieser Stelle ist zu bemerken: Die von Butler im Anschluß an ihre innerfeministische Kritik entwickelte Subjekt- und Körpertheorie rekurriert inhaltlich wie methodisch auf Ansätze von Lacan und Derrida, die sie mit Foucaults machtanalytischen Ausführungen zu verbinden versucht. Was allerdings bedeutet, daß sie ihr Subjekt- und Körperkonzept vorzugsweise über poststrukturalistisch psychoanalytische Ansätze und dekonstruktivistische Verfahrensweisen entfaltet. Da es mir lediglich um die Ausarbeitung von Foucaults Einfluß auf Butler ankommt und dessen Einfluß in ihrer Kritik an feministischer Theorie- bzw Kategorienbildung nicht nur besonders signifikant ist, sondern darüber hinaus ihren gesamten weiteren Theorierahmen absteckt, werde ich mich ausschließlich auf diesen Teilaspekt von Butler beschränken. Zur Problematik von Butlers Versuch der Zusammenführung sehr verschiedenartiger poststrukturalistischer Ansätze siehe: I. Lorey, *Immer Ärger mit dem Subjekt*, Tübingen 1996.
[223]Vgl. J. Butler, Variationen zum Thema Sex und Geschlecht - Bauvoir, Wittig und Foucault, S. 56-79, in: G. Nunner-Winkler (Hg.), *Weibliche Moral*, Frankfurt 1991.

men von Butler impliziert damit zum einen, daß das Geschlecht wie auch der geschlechtlich bestimmte Körper keine naturgegebene Tatsache ist, sondern als Effekt einer spezifischen Formation der Macht produziert wird. Zum anderen kann in Folge dieser Thesen nicht mehr auf ein Subjekt jenseits von Machtverhältnissen rekurriert werden, da sich auch die jeweiligen Subjektpositionen innerhalb der jeweils gegebenen Machtverhältnisse bestimmen.

Ausgehend von diesen Überlegungen, zu denen Foucault das theoretische Fundament geliefert hat, problematisiert Butler im folgenden die Prozesse, in denen die Binarität der Geschlechter immer wieder hergestellt werden. Dabei entwickelt sie eine Kritik am feministischen Subjekt, der Kategorie „Frau" und an dem von feministischen Theoretikerinnen entworfenen „sex-gender"-Konzept. Denn beide feministischen Kategorien konstituieren sich für die Autorin, innerhalb und durch die epistemischen Regime von heterosexuell organisierten Machtverhältnissen[224], die wiederum in engem Zusammenhang mit der Subordination von Frauen stehen. Mit anderen Worten: Butler beabsichtigt eine politische Analyse der Zwangsheterosexualität, die unter Verwendung von Foucaults These der diskursiven Konstruktion von Subjekt, Körper, und Geschlecht, die binäre Konstruktion des Geschlechts, verstanden als hierarchische Binarität, kritisch hinterfragt.[225] Das feministische Subjekt wird dabei insofern Gegenstand ihrer Kritik, als von feministischer Seite aus häufig von einem allen Frauen prädiskursiven, gemeinsamen und gleichen Kern weiblicher Geschlechtsidentität ausgangen wurde, der jedoch Butler zufolge, entgegen feministischer Auffassung, innerhalb und nicht außerhalb der zwangsheterosexuellen Organisationsform von Macht verankert ist. Zudem, so Butler, setzt das Subjekt des Feminismus, die Kategorie „Frau", das Vorhandensein zweier natürlich biologisch gegebener Geschlechtskörper voraus, die aber Foucault zufolge, als Produkt eines jeweiligen Macht-Wissen-Dispositivs angesehen werden müssen, und demnach für Butler Effekte einer heterosexuell organisierten Machtformation sind. Mit dieser feministischen Subjektkonzept-ion können aber die Effekte der auf Geschlechterhierarchie und Zwangsheterosexualität beruhenden Macht nicht adäquat erfaßt werden.

Zunächst jedoch kritisiert Butler das feministische Subjekt unter Verwendung von Foucaults Subjektkritik: So stellt die Autorin in Bezug auf die Kategorie Frau fest, daß die feministische Theorie zum größten Teil annimmt, es gäbe eine vorgegebene Identität, die durch die Kategorie „Frau(en)" bezeichnet wird. Gleichzeitig soll diese Identität nicht nur feministischer Politik zur Artikulation verhelfen, sondern auch das Subjekt konstituieren, dessen politische

---

[224]Vgl. J. Butler, *Das Unbehagen der Geschlechter*, Frankfurt 1991, S. 8.
[225]Vgl. ebenda, S. 216.

Repräsentation angestrebt wird.[226] Butler kritisiert an dieser Konzeption, ganz im Sinne von Foucault, die Ignoranz von feministischer Seite, die Machtstrukturen, die das Subjektsein überhaupt erst ermöglichen, nicht zu beachten. Denn wie sie schreibt, legen die Machtverhältnisse vorab die Kriterien fest, nach denen die Subjekte selbst gebildet werden können. Genau wie Foucault geht sie davon aus, daß dic Machtregime die Subjekte, die sie schießlich repräsentieren, zuerst auch produzieren. D. h. Subjekte können nur innerhalb gegebener Machtstrukturen gebildet werden, da diese Machtstrukturen die Voraussetzung darstellen, überhaupt erst Subjekt werden zu können. Eine feministische Politik, die Frauen als „Subjekt" des Feminismus repräsentiert, ist somit selbst eine innerhalb dieser Machtverhältnisse bestehende Diskursformation bzw. der Effekt einer gegeben Variante von Subjektrepräsentationen. Kurz: Das feministische Subjekt erweist sich als genau durch diejenigen Machtregime diskursiv konstituiert, die seine Emanzipation ermöglichen soll.[227] Zusätzlich problematisch wird eine feministische Politik auf der Grundlage eines feministischen Subjekts für Butler, da die hegemonialen Machtverhältnisse hierarchisch geordnete und geschlechtlich bestimmte Subjekte hervorbringen. All dies bedeutet für Butler, daß die feministische Kritik analysieren muß, wie die Kategorie „Frau", das Subjekt des Feminismus, gerade durch jene Machtstrukturen hervorgebracht und eingeschränkt wird, mittels derer das Ziel der Emanzipation erreicht werden soll.[228]

Ferner beanstandet sie am Konzept der feministischen Kategorie „Frau" die angeblich allen Frauen gemeinsam zugrundeliegende Geschlechtsidentität. Da sich Butler zufolge die Geschlechtsidentität immer innerhalb eines spezifischen historisch sozialen Kontextes herausbildet, kann ein prädiskursiv, homogen und universal konzipiertes feministisches Subjekt nicht die ethnisch, religiösen, rassischen und schichtspezifischen Unterschiede zwischen Frauen erfassen und damit auch nicht repräsentieren. Folglich berücksichtigt der Entwurf einer universalen und homogen feministischen Kategorie nicht die Differenz unter Frauen, was letztlich zum Ausschluß all jener Frauen aus der feministischen Kategorie „Frau" führt, die nicht in dieses Definitionsschema passen. Um diesem doppelten Dilemma des feministischen Subjekts, der Kategorie „Frau" begegnen zu können, schlägt sie folgendes vor: Zwar kann, so Butler, nicht auf Politiken der Repräsentation verzichtet werden, da zum einen die gegenwärtigen Machtverhältnisse dies nicht ermöglichen und es zum anderen auch keine Position außerhalb dieser Formation der Macht gibt. Allerdings, und hierbei

---

[226]Vgl. J. Butler, *Das Unbehagen der Geschlechter*, a. a. O., S. 15.
[227]Vgl. ebenda, S. 16-17.
[228]Vgl. ebenda, S. 17.

rekurriert sie auf die Subjektkritik von Foucault, sei eine kritische Genealogie der Konstituierungsprozesse und Legitimationsmuster, die den Subjekten innerhalb eines gegeben Machtfeldes ihre Position zuweisen, möglich.[229] Für das Subjekt des Feminismus bedeutet dieses Vorhaben, das Projekt einer feministischen Genealogie der Kategorie „Frau(en)" zu entwickeln, das die politischen Verfahrensweisen nachzeichnet, die das produzieren, was als Subjekt des Feminismus bezeichnet werden kann.[230] Desweiteren möchte sie entgegen dem normierenden Zwang einer prädiskursiven, allen Frauen gemeinsamen Geschlechtsidentität, von ihr auch als Identitätskategorie bezeichnet, die Kategorie „Frau" pluralisieren und dezentralisieren, im Sinne eines unbezeichnenden Feldes von Differenzen und unterschiedlichen Identitäten. Denn in der Umwandlung der Kategorie „Frau" zu einem Schauplatz ständiger Offenheit und Umdeutbarkeit liegt für sie die Chance, der Differenz unter Frauen angemessen Ausdruck zu verleihen.[231]

Im Zusammenhang mit ihrer kritischen Untersuchung der unhinterfragten Prämissen der feministischen Kategorie „Frau" problematisiert sie anschließend einen weiteren Punkt zu diesem Thema, in deren Zentrum die Kritik des zweiten Grundbegriffs feministischer Theorie, die Kategorie Geschlecht steht. Butler fragt sich, ob und in wieweit die Konstruktion der Kategorie „Frau" als kohärentes Subjekt nicht als Bestandteil der bestehenden Geschlechterordnung zu verstehen ist, gegen die feministische Politik doch eigentlich opponieren will. Für Butler bedeutet dies, zu analysieren, inwieweit das feministische Subjekt sich im Rahmen der heterosexuellen Matrix konstituiert.[232]

Aus diesem Grund entwickelt die Autorin, auf der Grundlage von Foucaults Ansatz der diskursiven Produktion von Geschlecht und Sexualität, eine kritische Analyse der feministischen „sex-gender"-Unterscheidung. So radikalisiert sie zum einen die schon im „sex-gender"-System vorgenommene Trennung von Geschlecht und Geschlechtsidentität, zum anderen hinterfragt sie die ebenfalls in der „sex-gender"-Unterteilung enthaltene Vorstellung eines Körpers als

---

[229]Vgl. ebenda, S. 18-21; J. Butler, Kontingente Grundlagen: Der Feminismus und die Frage der „Postmoderne", S. 46, in: S. Benhabib, J. Butler, D. Cornell, N. Fraser, *Der Streit um Differenz*, Frankfurt 1993.

[230]Vgl. J. Butler, *Das Unbehagen der Geschlechter*, a. a. O., S. 21.

[231]Vgl. J. Butler, Kontingente Grundlagen: Der Feminismus und die Frage der „Postmoderne", in: a. a. O., S. 50.

[232]Vgl. J. Butler, *Das Unbehagen der Geschlechter*, a. a. O., S. 21; Mit heterosexueller Matrix meint Butler das hegemoniale diskursiv/epistemische Modell der Heterosexualität. Innerhalb dieser Machtformation werden Körper zu Körpern, durch die diskursive Produktion von Geschlecht. Diese Körper werden wiederum durch eine dem jeweiligen Geschlecht entsprechende Geschlechtsidentität repräsentiert. Wobei die zwanghafte Praxis der Heterosexualität die binäre Hierarchie produziert. Vgl. dazu: ebenda, S. 220.

passives Medium, das nur äußerlich mit einem Komplex kultureller Deutungen verbunden ist.[233]

Zwar befürwortet Butler die von feministischer Seite vorgenommene Trennung von Geschlecht (sex) und Geschlechtsidentität (gender), da sich diese Unterscheidung auf einer grundlegenden Trennung zwischen den sexuell bestimmten Körpern und kulturell bedingten Geschlechtsidentitäten zu gründen scheint. Dadurch aber, daß der geschlechtlich bestimmte Körper innerhalb des „sex-gender"-Konzepts als vordiskursive Gegebenheit verstanden wird, und die geschlechtlich bestimmten Körper zudem ausschließlich innerhalb eines binären Rahmens gedacht werden, kommt es doch wieder zu der Annahme eines mimetischen Verhältnisses zwischen Geschlecht und Geschlechtsidentität. Folge davon ist eine binär strukturierte innere Kohärenz zwischen Geschlecht und Geschlechtsidentität, die heterosexuell konnontiert ist und andere Formen der Sexualität unterdrückt.[234] Da Butler zufolge dieser binäre Rahmen des Geschlechterkonzeptes die Grundlage einer auf Geschlechterhierarchie und Zwangsheterosexualität beruhenden gesellschaftlichen Ordnung darstellt, hält sie es für unerläßlich, die angeblich natürlichen Sachverhalte des Geschlechts kritisch zu hinterfragen. Infolgedessen geht sie analog zu Foucault von einer diskursiven Produktion des Geschlechts bzw. der diskursiven Produktion der Dualität der geschlechtlich bestimmten Körper aus. Demnach gehört sex nicht mehr zur Natur wie gender zur Kultur, vielmehr geht sex in gender auf, indem der hegemoniale Diskurs der Zwangsheterosexualität binäre Formen von Geschlechtsidentitäten produziert, als deren Effekt die Dualität des Geschlechtskörpers zu verstehen ist.[235] Butler kritisiert somit am feministischen Konzept der „sex-gender" Unterscheidung bzw. an der feministischen Kategorie Geschlecht die mangelnde Problematisierung des Körpers und damit einhergehend das Beharren auf einer angeblich natürlichen Zweigeschlechtlichkeit. Denn für die Autorin besteht sozusagen der Trick der Macht in Bezug auf die Geschlechterhierarchie und Zwangsheterosexualität darin, den Körper bzw. die Binarität der Geschlechter in ein vordiskursives Feld abzuschieben, was nichts anderes bedeutet als die geschlechtlich bestimmten Körper zu nicht hinterfragbaren Naturtatsachen zu machen. Eine feministische Kategorie „Geschlecht", die von der Natürlichkeit des Körpers ausgeht, verschleiert demnach die Funktionsmechanismen der gegenwärtigen Machtverhältnisse und ist somit potentiell gefährdet, die Unterdrückungsstrukturen zu reproduzieren, die sie eigentlich verändern will. Butler hingegen intendiert durch die Denaturalisierung des

---

[233]Vgl. ebenda, S. 21-26.
[234]Vgl. ebenda, S. 41.
[235]Vgl. ebenda, S. 24.

geschlechtlich bestimmten Körpers in gewisser Weise die radikale Verwirklichung des feministischen „sex-gender"-Konzeptes, d. h. die wirkliche Umsetzung der innerhalb dieser Aufteilung beabsichtigten Trennung von Geschlecht und Geschlechtsidentität. Ihrer Auffassung nach kann dies nur durch die Infragestellung der zur Natur erklärten Zweigeschlechtlichkeit geschehen. Denn erst wenn die auf der binären und kohärenten Einheit von Geschlecht und Geschlechtsidentität beruhende zwangsheterosexuelle Geschlechterhierarchie aufgelöst ist, als deren Fundament der vordiskursive Körper fungiert, ist einerseits die Möglichkeit gegeben, der Geschlechterasymmetrie entgegenwirken zu können, andererseits sieht die Autorin darin einen Weg, die Hegemonie der Heterosexualität zu brechen.[236]

Am Ende von Butlers Analyse der theoretischen Grundlagen feministischer Theorie läßt sich folgendes Resümee ziehen: Butlers kritische Untersuchung der feministischen Kategorien „Frau" und „Geschlecht" beruht im wesentlichen auf der Rezeption von Foucaults Macht- und Diskurstheorie und kann infolgedessen als feministisch poststrukturalistische Position beurteilt werden, die unter Einfluß von Foucaults Theorie spezifische Aspekte einer innerfeministischen Kritik entwickelt. Gleichzeitig kann, meiner Meinung nach, Butlers eigener Theorierahmen als theoretisches Fundament einer feministisch poststrukturalistischen Weiterverarbeitung von Foucault angesehen werden, denn Butler hat als erste feministische Theoretikerin die Frage nach der Konstruktion von Subjekt und Geschlecht im Sinne von Foucault gestellt.

---

[236]Vgl. ebenda, S. 41.

4.3 Zur Kritik an feministischen Normierungs- und Disziplinierungsdiskursen

Die folgenden Ausführungen von Andrea Bührmanns Dissertation, „Das authentische Geschlecht. Die Sexualitätsdebatte der Neuen Frauenbewegung und die Foucaultsche Machtanalyse"[237], sind methodisch als Archäologie der Sexualitätsdebatte der Neuen Frauenbewegung zu verstehen, indem sie die Foucaultsche Machtanalytik und seine Analyse der Subjektkonstitution in modernen Gesellschaften anwendet auf Wahrheits-Diskurse der Neuen Frauenbewegung. Den wesentlichen Bezugspunkt bilden hierbei die Schriften der in den Siebzigern entstandenen sogenannten Selbsterfahrungs- und Selbsthilfegruppen von Frauen:

Angesichts der Analyse der Macht von Foucault, so Bührmann, kann die Vergesellschaftung von Frauen nicht mehr allein als Zurichtung und Unterdrückung interpretiert werden. Zudem erscheint die Frau im Rahmen einer Ökonomie der Macht als tätiges Subjekt, da alle Individuen als Elemente strategischer Auseinandersetzungen gedacht werden. Das impliziert, daß Frauen an diesen Machtkämpfen und ihren Resultaten nicht nur beteiligt sind, insofern sie mit Männern agieren, sondern darüber hinaus auch an der Gestaltung der Machtverhältnisse partizipieren, insofern sie als Gegnerinnen einer Diskriminierung von Frauen, also z. B. in Gestalt der Frauenbewegung, auftreten. Aus diesem Grund ergibt sich für die Autorin die Frage, welche taktische Rolle die Frauenbewegung selbst, die von ihr hervorgebrachten Diskurse und die durch diese Diskurse produzierten Machtwirkungen im Netz der Machtbeziehungen spielen.[238] Denn vor dem analytischen Hintergrund des Macht-Wissen-Komplexes besteht die Möglichkeit, daß eine Befreiungsbewegung, wie z. B. die Neue Frauenbewegung mit ihren Diskursen, als ein ideales Instrument zur Etablierung, Hervorbringung bzw. Verfestigung der Macht funktioniert, obwohl sie subjektiv für die Individuen als Widerstand erscheint. Wie Foucault geht Bührmann davon aus, daß sich die Normierung und Disziplinierung von Individuen nicht ausschließlich durch Unterdrückung und Ausgrenzung vollzieht, sondern über die Produktion neuer Wissensdiskurse und neuer sozialer bzw. kultureller Praktiken, in denen der Diskursgegenstand Sexualität eine zentrale Rolle spielt. Aus diesem Blickwinkel betrachtet, ist nicht nur die Funktionsweise hegemonialer Sexualitätsdiskurse innerhalb von Machtverhältnissen als Analysegegenstand von Interesse, sondern auch die Funktionsweise von Sexualitätsdiskursen, die sich als Gegen-Diskurs verstehen. So fragt

---

[237]A. Bührmann, *Das authentische Geschlecht*, Münster 1995.
[238]Vgl. ebenda, S. 7-20.

sich Bührmann, ob deren Funktion wirklich ausschließlich darin besteht, als Widerstandspunkte oder Ausgangspunkte der Befreiung von Individuen zu dienen, oder ob sie nicht auch als Stützpunke zur Etablierung, Aufrechterhaltung bzw. Verfestigung der Unterwerfung fungieren. Ähnlich wie in Foucaults genealogischer Analyse des Sexualitätsdispositivs konstatiert sie mit dem Enstehen der Neuen Frauenbewegung eine diskursive Explosion zum Thema Sexualität. Zwar teilt Bührmann mit Chronistinnen der Frauenbewegung die Ansicht, daß die mit dem Entstehen der Neuen Frauenbewegung verbundene Sexualitätsdebatte als die zentrale und wichtigste Debatte innerhalb der feministischen Emanzipationsbewegung anzusehen ist. Gleichzeitig sieht sie aber in der feministischen Sexualitätsdebatte nicht nur einen subversiven und emanzipativen Aspekt. Entgegen dieser weitverbreiteten Sichtweise schlägt Bührmann eine andere Lesart vor, die sich mehr auf die, wie sie es nennt, dunkle Kehrseite der Sexualitätsdebatte konzentriert.[239] Diese stellt nicht nur den Beginn einer Liberalisierung des sexuellen Klimas für Frauen und einen zentralen Beitrag zur Befreiung der Frauen dar. Vielmehr kann sie als Normalisierungsinstanz betrachtet werden und läßt sich insofern in die Tradition mächtiger Normalisierungs- und Disziplinierungsmechanismen einordnen. Unter einer Normalisierungsinstanz versteht die Autorin dabei die Kontrollierung und Hierarchisierung von Individuen durch die Produktion von Normen etablierenden Wissensdiskursen. Ziel ihrer Untersuchung der Sexualitätsdebatte der Neuen Frauenbewegung ist die Überprüfung, ob bzw. auf welche Weise in der Debatte neue Normen aufgestellt, und ob neue Diskursgegenstände hervorgebracht werden. Damit verbunden ist die Beantwortung der Frage, inwieweit mit der feministischen Diskursivierung des Sexualitätsthemas die Produktion eines feministischen Subjekts auf der Grundlage eines authentischen Körpers und einer authentischen Sexualität einhergeht. Letztlich geht es ihr um die Erforschung eines feministisches Sexualitätsdispositivs, das durch die Produktion neuer Wahrheits- und Wissensdiskurse Subjekte konstituiert, die nicht nur, wie von feministischer Seite behauptet, befreienden, sondern auch disziplinierenden und normierenden Charakter haben. Ausgangspunkt ihrer Analyse bilden dabei die Schriften und Bücher der in den Siebzigern entstandenen feministischen Selbsterfahrungs- und Selbsthilfegruppen. Wobei für die Autorin diese feministischen Selbsterfahrungs- und Selbsthilfegruppen institutionalisierte Diskurspraktiken auf der Grundlage von Geständnisritualen entwickeln, auf deren Basis sich eine spezifisch feministische Subjekt-, Körper-, und Sexualitätstheorie konstituiert.

---

[239]Vgl.: ebenda, S. 21-23.

Zunächst jedoch untersucht Bührmann, warum der Gegenstand Sexualität in der Neuen Frauenbewegung an priviligierter Stelle diskutiert wurde. Der Anfang und die Ursache der Neuen Frauenbewegung liegt für die Autorin in der Kritik von Frauen an der sogenannten sexuellen Revolution der Außerparlamentarischen Opposition Ende der sechziger Jahre des 20. Jahrhunderts. So wird von diesen Frauen kritisiert, daß die von den Männern unter dem Postulat einer befreiten genitalen Sexualität verfolgte sexuelle Revolution nichts anderes als eine neue Verfügbarkeit der Frauen als Sexualobjekte für Männer bedeute. Im Zuge dieser Kritik kommt es zu ersten Forderungen einer selbstbestimmten weiblichen Sexualität, die mit der Abtreibungskampagne Anfang der Siebziger nicht nur den „eigentlichen" Beginn der Frauenbewegung markiert, sondern auch als „eigentlicher" Beginn der Sexualitätsdebatte zu verstehen ist.[240] Denn die Abtreibungsdebatte am Anfang der siebziger Jahre, so Bührmann, stellt in der Neuen Frauenbewegung die erste große inhaltliche Diskussion zum Thema Sexualität dar. Aus dieser Perspektive wird die Abtreibungskampagne, verstanden als Kritik an der spezifisch auf den Körper von Frauen zielenden Kontrolle der Reproduktionsfähigkeit, zur Debatte um die Unterdrückung und Fremdbestimmung der weiblichen Sexualität.[241] Ausgehend von der Kritik an der Abtreibungsgesetzgebung und der Forderung nach sexueller Selbstbestimmung beginnen nun Feministinnen, die Rolle der Sexualität bei der Unterdrückung von Frauen zu reflektieren, die herrschenden Sexualnormen sowie Sexualpraktiken in Frage zu stellen und gründen im Verlauf dieser sehr heterogenen Diskussionen Frauenselbsterfahrungsgruppen und Frauenselbsthilfegruppen. Diese Vielzahl von verzweigten, miteinander verzahnten und sich teilweise auch widersprechenden Diskursen formieren sich, so Bührmann, zu dem, was als die Sexualitätsdebatte der Neuen Frauenbewegung verstanden werden kann.[242] Diese Sexualitätsdebatte und deren Wirkung auf feministische Selbsterfahrungs- und Selbsthilfegruppen untersucht die Autorin im folgenden unter den Bedingungen der von Foucault entwickelten Vorstellungen einer Diskursanalyse.[243]

Den theoretischer Hintergrund für die hohe Bedeutung der Sexualität innerhalb der Selbsterfahrungs- und Selbsthilfegruppen der Frauenbewegung bildet die Diskussion von Feministinnen über die Rolle der Sexualität bei der Unterdrückung von Frauen. Dabei lassen sich, nach Aussagen der Autorin, in der Debatte zur Funktion der Sexualität bei der Unterdrückung der Frau drei zen-

---

[240]Vgl. A. Bührmann, *Das authentische Geschlecht*, a. a. O., S. 103-107.
[241]Vgl. ebenda, S. 107-110.
[242]Vgl. A. Bührmann, *Das authentische Geschlecht*, a. a. O., S. 110.
[243]ebenda.

trale Argumentationsstränge auffinden. Erstens wird ein Zusammenhang zwischen gesellschaftlichen Machtstrukturen und dem Bereich des Sexuellen konstatiert. Zweitens wird, ausgehend von diesem Zusammenhang, die Unterdrückung der weiblichen Sexualität als Ursache für die bestehenden Machtverhältnisse angenommen, und damit einer bestimmten gesellschaftlichen Organisationsstruktur des Sexuellen eine repressive Funktion zugeschrieben. Schließlich wird drittens vermutet, daß bestimmte Elemente des Sexuellen eine emanzipative Funktion haben, so daß auf diese Weise mit der Erlangung des sexuellen Selbstbestimmungsrechts es zu einer allgemeinen Befreiung der Fremdbestimmung von Frauen und damit zur Auflösung, mindestens aber zur Destabilisierung der bestehenden Machtverhältnisse kommen würde.[244] Diese Funktionzuweisungen des Sexuellen innerhalb der Sexualitätsdebatte der Neuen Frauenbewegung implizieren, daß die Sexualität und das Sexuelle zu priviligierten Gegenständen von Diskursen und Praxen avancieren, weil erwartet wird, daß mit der Befreiung der Sexualität auch eine Befreiung der Frauen einhergehen würde. Diese Annahme ermöglicht gleichzeitig, daß die Gesellschaftsanalyse auf die Analyse des Sexuellen und ihre Rolle bei der Unterdrückung von Frauen fokussiert werden kann.

Bührmann kritisiert an dieser Konzeption des Sexuellen innerhalb der feministischen Sexualitätsdebatte ihr Verhaftetsein in der Tradition der von Foucault so bezeichneten Repressionshypothese.[245]

Denn die feministische Sexualitätstheorie gründet sich, nach Meinung der Autorin, auf erkentnnistheoretischen, nicht ausgewiesenen Prämissen. Zum einen beruht die These, die sexuelle Befreiung der Frau führe zu einem Ende ihrer gesellschaftlichen Fremdbestimmung, auf der Vorstellung eines authentischen sexuellen Kerns mit subversivem Potential. Zum anderen ist mit diesem Theoriemodell die Idee einer authentischen Frau verbunden, die im Gegensatz zu einer unterdrückten und in ihrer Sexualität deformierten Frau, nicht von ihren authentischen körperlichen und sexuellen, wie auch intellektuellen Bedürfnissen entfremdet ist. Beide theoretische Prämissen, so Bührmann, sind somit als Elemente des Foucaultschen Repressionsmodells zu bezeichnen. Andererseits interpretiert die Autorin o. g. Diskurselemente der feministischen Sexualitätstheorie als diskursive Praktiken im Sinne des von Foucault beschriebenen Sexualitätsdispositivs.

Um die von ihr formulierte Aussage zu belegen, daß die Praxen, Redeweisen und Diskussionen der Sexualitätsdebatte als Elemente einer Normalisierungsinstanz innerhalb eines feministischen Sexualitäsdispositiv verstanden

---

[244]Vgl. ebenda, S. 112-131.
[245]Vgl. ebenda, S. 132.

werden können, untersucht die Autorin die Diskurspraktiken der Anfang der siebziger Jahre entstandenen feministischen Selbsterfahrungsgruppen. Ziel dieser Selbsthilfegruppen ist die Bewußtseins- und Verhaltensänderung der durch die (patriachalischen) Machtverhältnisse von sich selbst entfremdeten Frau. Zur Erreichung dieses Zieles sollen die Frauen durch das Reden über ihre individuellen Erfahrungen und Gefühle ein kritisches Bewußtsein erlangen. Dabei werden implizit zwei Vorannahmen gemacht: Einerseits wird den Gefühlen der Frauen eine besondere Qualität im Vergleich zu Männern zugestanden, was bedeutet, daß ihre Gefühle als wahrer und authentischer eingestuft werden. Andereseits wird dem Reden über sich selbst und der Artikulation der eigenen Gefühle eine spezifische Funktion zugeordnet. Denn das Artikulieren der Gefühle und das Reden über sich selbst gilt als der Beginn einer Befreiung von den bestehenden Machtverhältnissen. Dabei spielt die Diskursivierung des Sexes und der Sexualität eine zentrale Rolle in den Selbsterfahrungsgruppen.[246] Dieses Konzept der Selbsterfahrungsgruppen steht für die Autorin in der Tradition der von Foucault beschriebenen Geständnisrituale, da alle Mitglieder einer Gruppe dem Imperativ des „Alles-Sagen" und „Wahr-Sagen" unterliegen. Denn es wird von den Mitgliedern der Selbsterfahrungsgruppen erwartet, daß sie sich untereinander ihre wahren Gefühle anvertrauen, um dadurch zur Expertin ihrer selbst zu werden und um im Zuge dieses Prozesses zu sich selbst finden zu können. Das Sexuelle nimmt insofern in der Selbsterfahrungsgruppe eine priviligierte Stellung als Diskursgegenstand ein, da die Sexualität für die Befreiung, aber auch für die Unterdrückung von Frauen verantwortlich gemacht wird. Diese diskursiven Praktiken des „Wahr-Sagens" und „Alles-Sagens" innerhalb feministischer Selbsterfahrungsgruppen produzieren, so Bührmann, ein spezifisches Wissen über Sexualität, insbesondere zum Thema der weiblichen Sexualität. Mit anderen Worten: Die in der Institution Selbsterfahrungsgruppe angewandten Diskurspraktiken, verstanden als Geständnisrituale, produzieren spezifische feministische Wahrheitsdiskurse zum Thema Sexualität,[247] als deren Effekt das feministische Subjekt, die nicht mehr von sich selbst entfremdete Frau, zu betrachten ist.

Diese Wahrheitsdiskurse zum Thema Sexualität der Neuen Frauenbewegung untersucht sie in einem weiteren Schritt dahingehend, ob in der Sexualitätsdebatte neue Gegenstandsbereiche thematisiert, und ob neue zentrale Normen über die Sexualitätsdebatte installiert werden. Dabei rekurriert sie auf Texte und Bücher von Diskussionen, Kampagnen und Praktiken der Neuen

---

[246]Vgl. ebenda, S. 134-143.
[247]Vgl. ebenda, S. 144-152.

Frauenbewegung in dem Zeitraum von 1973-1983.[248] Als Ergebnis stellt die Autorin fest: Seit Anfang der Siebziger beginnen Feministinnen über autobiographische Erfahrungsberichte, programmatische Schriften und Untersuchungen mit wissenschaftlichem Anspruch, über öffentliche Demonstrationen, nationale bzw. internationale Tribunale über Gewalt gegen Frauen, über die Gründung von Selbstverteidigungsvereinen, die Einrichtung von Notrufstellen und insbesondere Frauenhäusern sowie über die Kampagne zur Forcierung der strafrechtlichen Sanktionierung von Vergewaltigungen und Pornographie, das Schweigen, von dem das männliche Sexualverhalten sowie Ehe und Familie umgeben worden waren, zu brechen.[249] Die diskursive Hervorbringung neuer Gegenstandsbereiche, die sich als Kritik am männlichen Sexualverhalten und der Institutionen Ehe bzw. Familie verstehen lassen, setzt sich aus folgenden Themen zusammen: Entpathologisierung des klitoralen Orgasmus verbunden mit der Kritik am angeblich „normalen" vaginalen Orgasmus. Kritik am Primat des Koitus und damit am konkreten Sexualverhalten des Mannes. Infragestellung der Natürlichkeit der Heterosexualität, d. h. Infragestellung heterosexueller Lebensformen, was letztlich eine Absage an Institutionen wie Ehe und Familie bedeutet. Es läßt sich also sagen, die diskursive Hervorbringung neuer Gegenstandsbereiche durch die Sexualitätsdebatte der Neuen Frauenbewegung führt dazu, daß Feministinnen die verschwiegene Norm angeblich partnerschaftlicher und (sexuell) befriedigender Liebesverbindungen zwischen Mann und Frau beredt in Frage stellen und auf diese Weise traditionelle Lebens- und Sexualpraktiken bezweifeln.[250] Gleichzeitig aber werden, laut Bührmann, mit den feministischen Gegendiskursen im Bereich des Sexuellen nicht nur neue Gegenstandsbereiche geschaffen, sondern auch Normen errichtet.

Was die Frage der diskursiven Produktion neuer Normen innerhalb der Sexualitätsdebatte der Neuen Frauenbewegung anbelangt, so sieht die Autorin sie in den theoretischen Prämissen der Sexualitätsdebatte begründet. Im Mittelpunkt der feministischen Sexualitätstheorie, so Bührmann, steht die These der Sexualunterdrückung der Frau, die das bestehende asymmetrische Geschlechterverhältnis erklären soll. Damit wird das bestehende asymmetrische Geschlechterverhältnis nicht auf biologische Geschlechtsunterschiede zurückgeführt, sondern auf die Unterdrückung der weiblichen Sexualität. Darauf aufbauend entwickeln Feministinnen als Strategie zur gesellschaftlichen Veränderung der Lage der Frau das Konzept einer authentischen weiblichen Sexualität und eines authentischen weiblichen Körpers. Kernthese dieser Strategie bildet

---

[248]Vgl. ebenda, S. 153.
[249]Vgl. ebenda, S. 166.
[250]Vgl. ebenda, S. 155-167.

die Annahme, es gäbe einen authentischen Kern des Sexuellen, der einzig als Widerstandspunkt gegen Entfremdung und Unterdrückung genutzt werden kann und daß über das Wiederauffinden dieses Authentisch-Sexuellen Frauen wieder zu authentischen Frauen werden könnten.[251] Letztlich verknüpft aber diese These, so Bührmann, die Veränderung des asymmetrischen Geschlechterverhältnisses mit der Befreiung der Frau durch deren Authentisierung. Da dieser Argumentation zufolge Authentisch-Sein in einem engen Zusammenhang mit der weiblichen Sexualität steht, verbinden sich nicht nur Identitätssuche und Befreiung des Sexuellen miteinander, sondern auch das Authentische mit einem Moment der Freiheit, der mit dem frei sein von gesellschaftlichen Zwängen gleichgesetzt wird.[252] Somit aber wird das Authentisch-Werden bzw. das Ziel die „authentische Frau" zum zentralen Widerstandspunkt in der Sexualitätsdebatte der Neuen Frauenbewegung. Im Zuge dieser Kritik an der Fremdbestimmung der weiblichen Sexualität kommt es in den Siebzigern zur Gründung von Selbsthilfegruppen, die über Techniken der Selbstuntersuchung ihrer Geschlechtsorgane, der Selbstdiagnose und Selbstmedikation den eigenen authentischen Körper und ihre eigene authentische Sexualität (wieder-)finden und kennenlernen wollen. Diese Selbsthilfegruppen können, so Bührmann, als eine Erweiterung des Konzepts der Selbsterfahrungsgruppen angesehen werden, indem nun auch der weibliche Körper, die weibliche Sexualität und die weiblichen Sexualorgane in den Mittelpunkt des Interesses rücken. Diese Form von Frauengruppen erhofft durch das Kennenlernen des eigenen Körpers bzw. der eigenen Sexualität ein authentisches Frauenbewußtsein wiederzufinden. Für Bührman handelt es sich dabei um institutionalisierte Praktiken und Techniken zur Freilegung des authentischen sexuellen Kerns und zur Selbstfindung von Frauen[253], in deren Verlauf sich als Ziel ein bestimmtes feministisches Subjekt, das Identifikationsmodell der authentischen Frau herausbildet. Das heißt, gegen die Unterdrückungsmechanismen des asymmetrischen Geschlechterverhältnisses entwickeln Feministinnen vielfältige diskursive und nicht-diskursive Praktiken mit dem Ziel, die Authentisierung der Frau voranzutreiben. Diejenigen Frauen, die sich von den Unterdrückungsverhältnissen befreien wollen, so Bührmann, müssen sich nun diesen Authentisierungspraktiken unterwerfen und sich auf die schier unendliche Suche nach ihrem wahren Selbst begeben. Nur so können diese Frauen für sich in Anspruch nehmen, das „Richtige", das „Wirkliche" und das „Wahre" über das Authentische zu fühlen und zu sagen.[254]

---

[251]Vgl. ebenda, S. 168.
[252]Vgl. ebenda, S. 168.
[253]Vgl. ebenda, S. 179.
[254]Vgl. ebenda, S. 194.

Parallel dazu werden jedoch Frauen, die sich diesen Authentisierungsmechanismen nicht unterwerfen, als nicht-authentische Frauen, im Sinne von gesellschaftlich fremdbestimmten Frauen, diskriminiert.

Letztlich, so läßt sich sagen, bedeutet die Etablierung der Frauenselbsthilfegruppen zwar einerseits eine kritische Gegenstrategie von Feministinnen gegen sexuelle Fremdbestimmung durch gesellschaftliche Verhältnisse, anderseits wird dadurch aber auch eine zentrale Norm, die authentische Frau, im Sinne eines feministischen Subjekts geschaffen, an dem von nun an alle Frauen gemessen werden. Diese Authentisierungsnorm in Gestalt des Identifikationsmodells „authentische Frau", so die Autorin, ermöglicht eine Hierarchisierung in Hinsicht auf das Maß des Authentisch-Seins der einzelnen Frauen im Vergleich zu anderen Frauen und kann somit auch als Ausschlußmechanismus eingesetzt werden. Ermöglicht wird dies dadurch, daß die Authentizitätsnorm die empirisch vorfindbare Frau als deformierte bzw. angepaßte feminine Frau abwertet. Insofern wirkt die Sexualitätsdebatte der Neuen Frauenbewegung weniger entgrenzend und befreiend, sondern vielmehr eingrenzend und normalisierend. Denn über die Verherrlichung der authentischen Frau in der Sexualitätsdebatte werden die empirischen Frauen an den Rand gedrängt, weil sie im Vergleich zur authentischen Frau nur als durch einen Mangel charakterisiert erscheinen.[255]

Als Fazit läßt sich also formulieren: Die Analyse der Autorin kann, unter Verwendung von Foucaults Theorierahmen, als innerfeministische Kritik an den theoretischen Prämissen der Sexualitätsdebatte der Neuen Frauenbewegung verstanden werden. Ihr gelingt es nachzuweisen, daß die Sexualitätsdebatte in der Tradition mächtiger Normalisierungs- und Disziplinierungsmechanismen steht, indem diese Debatte durch die Etablierung eines feministisches Sexualitätsdispositiv eine spezifisch feministische Subjekt- und Sexualitätstheorie produziert, die nicht nur positive, sondern auch ausschließende Auswirkungen hat. Demzufolge kann, meiner Meinung nach, die Untersuchung von Bührmann als Beleg für meine These gelten, daß die gegenwärtige Position des feministischen Poststrukturalismus, mit dem theoretischen Bezug auf Foucault, als innerfeministische Kritik an bisheriger feministischer Theoriebildung zu verstehen ist.

---

[255]Vgl. ebenda, S. 193-210.

4.4 Zur kulturellen Konstruktion von Geschlecht

Die Abhandlung von Irena Sgier[256] zur kulturellen Konstruktion von Geschlecht rekurriert auf medizinkritische Studien am Beispiel der Kindergynäkologie. Die Kindergynäkologie stellt für die Autorin eine von vielen Institutionen dar, in denen durch diskursive und nicht-diskursive Praktiken das Geschlecht erzeugt wird. Die Theorie von Foucault spielt in ihrer Arbeit insofern eine bedeutende Rolle, weil sie unter Anwendung seiner machtanalytischen Studien zum Thema Körper und Sexualität einerseits die Studien zur Kindergynäkologie interpretiert, zum anderen aber auch bisherige sozialwissenschaftliche Konzepte von Körper, Sexualität und Geschlecht kritisiert.

Der Gliederung ihrer Arbeit folgend werde ich nun die Abhandlung von Sgier vorstellen: Im ersten Teil ihrer Untersuchung stellt sie ihre These der kulturellen Konstruktion von Geschlecht dar und im zweiten Teil analysiert sie die diskursiven und nicht-diskursiven Praktiken der Kindergynäkologie, als deren Effekt der kindliche Körper vergeschlechtlicht wird.

Zunächst jedoch kritisiert sie an sozialwissenschaftlichen Theorien und Studien über Geschlecht die meist selbstverständliche Akzeptanz einer natürlich gegebenen Zweigeschlechtlichkeit, d. h. den Bezug auf zwei immer schon gegebene und identifizierbare Geschlechter. Die Beharrlichkeit, mit der die Zweigeschlechtlichkeit immer als gegeben und somit immer als vorausgesetzt angesehen wird, liegt für die Autorin darin begründet, daß eine machtvolle Alltagstheorie der Zweigeschlechtlichkeit auch das wissenschaftliche Denken durchzieht. Diese alltagstheoretischen Prämissen verschleiern aber, so Sgier, daß die Zweiheit der Geschlechter selbst eine gesellschaftliche, historisch spezifische und keineswegs universale Konstruktion darstellt. Unter Verweis auf neuere poststrukturalistische Ansätze, wie z. B. Foucault, die die angebliche Natürlichkeit des biologisch gegeben Geschlechtskörpers in Frage stellen, erläutert sie im folgenden ihre These der sozialen Konstruktion von Geschlecht bzw. von Zweigeschlechtlichkeit. Im Gegensatz zur sozialwissenschaftlichen Frage von Geschlecht als Strukturkategorie der Gesellschaft, versteht Sgier Geschlecht als Wirkung sozialer Prozesse unter besonderer Berücksichtigung machtspezifischer Aspekte. Kurz: Es geht um die Herstellung bzw. Konstruktion und Produktion des kulturellen Phänomens Geschlecht im Kontext unterschiedlicher Machtverhältnisse.[257] Dabei versteht sie, genau wie Foucault, unter der sozialen Konstruktion von Geschlecht die Produktion sexualisierter Körper durch diskursive und nicht-diskursive Mittel. Konstruktivistisch vorzu-

---

[256]I. Sgier, *Aus eins mach zehn und zwei lass gehn*, Bern 1994.
[257]Vgl. ebenda, S. 11-18.

gehen heißt demzufolge für die Autorin, zu fragen, wie Geschlecht zur Realität werden und als – in hohem Maße naturalisierte – Realität funktionieren kann.[258]

Da sich das Geschlecht, wie Foucaults Theorie der Sexualität zeigt, durch die Produktion sexualisierter Körper konstituiert, haben der Körper und Sexualität eine hohe Bedeutung bei der Konstruktion von Geschlecht bzw. der Zweigeschlechtlichkeit. Übereinstimmend mit Foucault existiert für die Autorin kein Körper außerhalb von Gesellschaft. Der Körper konstituiert sich durch Sprache innerhalb eines spezifisch historisch gegebenen Wissenshorizontes. Er wird damit kulturspezifisch vergeschlechtlicht, indem das von einer Kultur zur Verfügung stehende Körperwissen die jeweiligen körperlichen Dimensionen, wie z. B. körperliche Erfahrungen, strukturiert. Somit ist für die Autorin auch der Körper ein Effekt eines bestimmten kulturellen Kontextes. Die ausschließliche Wahrnehmung der Körper als männliche und weibliche liegt für sie hingegen in der binär strukturierten Vorstellung von Sexualität begründet. Innerhalb des gegebenen kulturellen Kontextes erscheint Sexualität nicht als geschlechtsindifferentes Phänomen, sondern als für das Geschlecht konstitutive Heterosexualität. D. h., die Binarität der geschlechtlichen Körper wird einerseits durch die dominante Form der Heterosexualität erzeugt, da aber die Organisationsform der Heterosexualität auf Zweigeschlechtlichkeit beruht, setzt sie andererseits umgekehrt genau diese Zweigeschlechtlichkeit voraus.[259]

Somit ist für Sgier, in Analogie zu Foucault, die Zweigeschlechtlichkeit ein Effekt kultureller Praktiken, als deren wesentliches Element die heterosexuelle Organisationsform von Sexualität anzusehen ist.

Um auf den Zusammenhang von Macht und Wissen in Verbindung mit der kulturellen Konstruktion von Geschlecht eingehen zu können, ergänzt sie ihre bisherigen Ausführungen mit der Foucaultschen Theorie des Dispositivs. Die Autorin bevorzugt den Begriff des Dispositivs, da diese Bezeichnung, verstanden als analytisches Instrumentarium, weniger auf klare Strukturen und relative Geschlossenheit verweist, sondern die Diskontinuität und Heterogenität seiner Elemente betont. Demzufolge ist für Sgier ein Dispositiv der Zweigeschlechtlichkeit ein historisch entstandenes Ensemble aus heterogenen Elementen wie wissenschaftlichen, religiösen, juristischen, alltagstheoretischen Diskursen über Geschlecht, räumlichen Arrangements zwischen Privatheit und Öffentlichkeit, Regelungen der Arbeitsteilung und Kindererziehung etc.[260] Dabei teilt sie das Dispositiv der Zweigeschlechtlichkeit, verstanden als kulturelles Phänomen,

---

[258]Vgl. ebenda, S. 21.
[259]Vgl. ebenda, S. 23-26.
[260]Vgl. ebenda, S. 49-51.

nach drei verschiedenen Aspekten ein. Zum einen das generative Prinzip, daß innerhalb des Dispositivs zu Vergeschlechtlichung und zum Positionsbezug zwingt. Es ist nach dieser Regel in der Gesellschaft nicht möglich, Personen wahrzunehmen, ohne ihnen zugleich ein Geschlecht zuzuordnen. Desweiteren gehören zu diesen Aspekten der Wissenshorizont des Dispositivs der Zweigeschlechtlichkeit. Darunter versteht sie alle alltäglichen Aussagen, wie auch wissenschaftlich institutionalisierte Aussagen die das generative Prinzip aktivieren. Dazu tragen sämtliche Institutionen bei, von der Wissenschaft bis hin zu Militär, Medien, Gerichten, Schulen, Kirchen usw. Den letzten Aspekt stellen die gesellschaftlichen Praktiken des Dispositivs dar, die zu unterschiedlichen Manifestationen von Geschlecht führen. Womit sie alle Inszenierungsweisen von Geschlecht sowie Identifikationsmöglichkeiten wie z. B. bei Verhalten oder Berufswahl meint.[261]

Wesentlich ist hierbei, daß der Körper in das kulturelle Dispositiv der Geschlechter als zentrales Element eingebunden ist. Da das Dispositiv durch eine spezifische Macht-Wissen-Konstellation die Zweigeschlechtlichkeit erzeugt, will die Autorin nun die Art der Verküpfung zwischen Körper und Dispositiv bzw. zwischen Körper und Machttechniken untersuchen. Bezugspunkt zur Bestimmung des Körpers bildet dabei für sie das poststrukturalistische Körperkonzept von Foucault. Was bedeutet, daß Sgier den Körper als Effekt sozialer Praktiken versteht, der nicht als dem Sozialen vorgängige Materie, sondern als Produkt, als Wirkung des Sozialen selbst angesehen werden muß. Dabei unterscheidet sie zwei Mechanismen, die Körper hervorbringen: Erstens die Methoden der Wahrnehmung und Deutung von Körpern. Hier erscheint der Körper innerhalb des Symbolischen als Effekt eines verfügbaren Wissenshorizontes. Zweitens die Einflüsse und Einwirkungen der Gesellschaft, die sie als Techniken der Einkörperung bezeichnet. In diesem Zusammenhang bedeutsam ist ihre These, daß die Körper durch das Dispositiv der Geschlechter erst definiert und kodiert werden.[262] D. h. erst durch eine spezifische Macht-Wissen-Formation eines Dispositivs werden die im Grunde geschlechterindifferenten Körper zweigeschlechtlich klassifiziert.

Als vorläufige Schlußfolgerung läßt sich also sagen, daß Sgier, in Anschluß an Foucault, das jeweilige Körperverständnis als Produkt eines Dispositivs sieht, wobei die heterosexuelle Organisationsform von Sexualität als wichtiges Element bei der Produktion der Zweigeschlechtlichkeit anzusehen ist.

Ausgehend von dieser theoretischen Konzeptionalisierung von Körper, Geschlecht und Sexualität stellt sie sich im Folgenden die Frage, welche Macht-

---

[261]Vgl. ebenda, S. 51-54.
[262]Vgl. ebenda, S. 60-61.

konstellationen mit welchen Techniken geschlechtlich bestimmte Körper hervorbringen – und umgekehrt – wie die Körper als Machtwirkungen selbst in die strategische Situation hineinwirken.[263] Im Mittelpunkt ihres Interesses steht dabei die Vergeschlechtlichung des Körpers im medizinischen Kontext der Kindergynäkologie. Die Kindergynäkologie ist dabei als ein spezifischer Macht-Wissen Komplex im Sinne des von Foucault entwickelten Dispositivs zu verstehen. Von besonderem Interesse ist die Kindergynäkologie für die Autorin deswegen, weil in der Medizin, insbesondere in ihrem Teilgebiet der Kindergynäkologie, die, wie sie treffend feststellt, eher Mädchengynäkologie heißen sollte, deutliche Tendenzen hervortreten, den Körper in spezifischer Weise zu vergeschlechtlichen.

So untersucht sie in einem ersten Schritt die Elemente des Dispositivs der Kindergynäkologie, d. h. es geht um die Darlegung der institutionalisierten Praktiken und der wissenschafltichen Diskurse im Bereich der Kindergynäkologie. Die Elemente der am Mädchenkörper ansetzenden kindergynäkologischen Praxis bestimmt sie wie folgt: Das räumliche Arrangement von Arztpraxis bzw. Klinik, die medizinischen Untersuchungs- und Behandlungsmethoden sowie medizinische und sexualpädagogische Diskurse.[264]

Dabei stellt sie fest, daß die räumlichen Verhältnisse der Kindergynäkologie weitgehend denjenigen in der Erwachsenengynäkologie entsprechen. Auch die Mädchen werden in der Regel liegend auf dem Gynäkologiestuhl untersucht. Hinzu kommt die gleiche technische Ausstattung wie Ultraschallgeräte, diverse Meßgeräte und Behandlungsinstrumente. Was die Untersuchungsmethoden anbelangt, fällt im Gegensatz zur Erwachsenengynäkologie der Einfluß von Meßtechniken auf. Diese Meßprozeduren verfolgen dabei spezifische Ziele, die bei erwachsenen Frauen nicht zum Tragen kommen. Im Vordergrund dieser Maßnahmen steht das Interesse an der normgerechten Entwicklung des jungen weiblichen Körpers in Hinblick auf die spätere Gebärfähigkeit als erwachsene Frau. Ziel dieser Meßtechniken ist nahezu der gesamte kindliche weibliche Körper: Der Hormonhaushalt, Gebärmutter, Klitoris, Vagina und Brustwarzen, Dauer des Zyklus etc. Es existieren somit, wie Sgier schreibt, genaueste Einteilungen des Mädchenkörpers und anscheinend hohe Bereitschaft, Normabweichungen auch bei Symptomfreiheit zu behandeln.[265] Was die wissenschaftlichen Diskurse anbelangt, so ist die Kindergynäkologie in erster Linie an präventiven medizinischen Maßnahmen orientiert. Entsprechend sind die Diskurse weniger beschwerdeorientiert, so die Autorin, als auf zukünftige

---

[263]Vgl. ebenda, S. 74.
[264]Vgl. ebenda, S. 79.
[265]Vgl. ebenda, S. 80-82.

Schwierigkeiten ausgerichtet. Insofern bestehen in diesem Zusammenhang gewissermaßen Tendenzen, die traditionelle medizinische Auffassung von der Krankheit Frau auszudehnen bis ins Kindesalter. Diese Diskurse der Kindergynäkologie unterteilt Sgier in zwei Bereiche, den medizinischen Diskurs und den sexualpädagogischen Diskurs. Die medizinischen Diskurse thematisieren physiologisch-funktionelle und morphologische Theorien der körperlichen Entwicklung, wobei mit physiologisch-funktionellen Theorieansätzen die Körperfunktionen, wie Eierstöcke, Gebärmutter etc. gemeint sind, und mit morphologischen Theorieansätzen ästhetische Normsetzungen, wie Körperlänge, Hüftbreite, Brustweite etc. Erklärtes Ziel dieser Diskurse ist, nach Aussagen der Autorin, die Sicherstellung von Gesundheit, Reproduktionsfähigkeit und Attraktivität. Denn die medizinischen Diskurse enthalten klare Auffassungen darüber, welche Entwicklungen als normal und zulässig gelten. Dabei kommt es allerdings zu einer eigenartigen Form der Verknüpfung von Schönheitsnormen und funktionellen Körpervorgängen. Dies geschieht dadurch, daß sich der physiologisch-funktionale Bereich mit dem der Morphologie verbindet. So wird durch Gesundheitsnormen in Hinblick auf die zukünftige Gebärfähigkeit des weiblichen Körpers auf die ästhetische Erscheinung des Körpers verwiesen. Auf diese Weise wird mit Hilfe wissenschaftlicher Diskurse der Prozeß des Verknüpfens von Schönheitsidealen und dem kindlichen weiblichen Körper verschleiert.[266] Die sexualpädagogischen Diskurse wiederum teilt die Autorin auf in die Gebiete der Hygiene- und Sexualerziehung. Während die Hygieneerziehung in erster Linie Bilder angeblich unhygienischer weiblicher Genitalien produziert, um damit ärztliche bzw. pädagogische Interessen zur Anleitung von hygienischen Maßnahmen zu legitimieren, stellen die Sexualerziehungsdiskurse den Körper direkt in den Zusammenhang der Geschlechterbeziehung. Denn im Mittelpunkt der Diskurse der Sexualerziehung stehen, nach Angaben der Autorin, Themen der Verhütungsberatung, der Partnerschaftswahl und die Vermittlung bestimmter Einstellungen zum Sexualverhalten, die eindeutig heterosexuell konnontiert sind.

Gleichwohl haben all diese Elemente des Dispositivs der Kindergynäkologie trotz ihrer normierenden und disziplinierenden Ausrichtung für die Autorin nicht nur repressiven Charakter. Ähnlich wie bei Foucault hat das Körperdispositiv der Kindergynäkologie nicht nur eine ausschließlich repressive Funktion, d. h. es unterdrückt nicht ursprünglich vorhandene Weiblichkeit, sondern hat den durchaus produktiven Effekt, den Mädchen Körperkonzepte zu Verfügung zu stellen, auf die sie rekurrieren können. Allerdings geschieht das ihrer Meinung nach ohne jegliche Zwangsläufigkeit, da in einer gegeben Gesell-

---

[266]Vgl. ebenda, S. 83-84.

schaft in unterschiedlichen Kontexten sehr verschiedenartige Diskursformationen zum Thema Körper existieren, die ebenfalls körperliche Realitäten für Subjektpositionen schaffen.[267]

Ausgehend von den genannten Elementen der kindergynäkologischen Praxis untersucht Sgier nun die unterschiedlichen Strategien der Vergeschlechtlichung. Im Mittelpunkt der Strategien der Vergeschlechtlichung steht dabei, ihrer Meinung nach, die Herstellung von Geschlecht in der Kindergynäkologie, durch Heterosexualisierung von Mädchenkörper. Denn das Geschlecht ist nicht das, was der Heterosexualisierung vorausgeht, sondern einer ihrer zentralen Effekte.[268] Gleichzeitig betont sie wiederholter Weise die Heterogenität gesellschaftlicher Geschlechts- und Körperentwürfe, von denen die Kindergynäkologie nur eine Inszenierungsform ist. Auch findet keine kontinuierliche Fortführung anderer sozialer Praktiken heterosexualisierender Einkörperungen statt. Die Kindergynäkologie ist für Sgier nur eine von vielen gesellschaftlichen Einrichtungen in denen Geschlecht zwar gezielt, aber dennoch nicht im Sinne einer zentralen Machtinstanz durchgesetzt wird. Dabei besteht auch die Strategie der Heterosexualisierung von Mädchenkörpern in der Kindergynäkologie aus mehreren taktischen Ansätzen, die weder in sich noch untereinander widerspruchsfrei funktionieren. Die wesentlichsten Heterosexualisierungsstrategien sind dabei folgende: Erstens, die Fragmentierung des Körpers durch Isolierung von Organen und Körperpartien. Zum einen wird mit den dazu benötigten Meß- und Untersuchungsmethoden der gynäkologische Bereich abgesteckt, zum anderen werden einzelne Körperbereiche als Gegenstand des medizinischen Interesses geschaffen. Da das körperliche Interesse der Kindergynäkologie im Wesentlichen an den sexuellen und reproduktiven Funktionen des kindlichen weiblichen Körpers, sowie an dessen morphologischer Erscheinung orientiert ist, schafft der Besuch beim Kindergynäkologen eine neue Realität des fragmentierten, potentiell krankheitsanfälligen Körpers.[269]

So werden mit Hilfe verbaler, visueller und messender Techniken einzelne Körperteile, Organe, Funktionen isoliert und damit Körperrealitäten geschaffen, die außerhalb des Dispositivs der Kindergynäkologie gar nicht existieren. Als wichtigstes Beispiel kann hierbei die besondere Aufmerksamkeit, die dem Uterus zukommt, gelten. Der Uterus, ein dem Blick und der Selbstwahrnehmung der Mädchen entzogenes Fragment der Kindergynäkologie, wird zugleich pathologisiert und für besonders wertvoll erklärt. Gleichzeitig wird dieses Organ fast ausschließlich auf seine spätere Reproduktionsfähigkeit hin

---

[267]Vgl. ebenda, S. 85-86.
[268]Vgl. ebenda, S. 91.
[269]Vgl. ebenda, S. 91-93.

untersucht. Da sich der Uterus und dessen Funktionstüchtigkeit nur auf der Grundlage medizinischer Fachkenntnis überhaupt feststellen läßt, bleibt dieses Organ der Zuständigkeit von Expertenwissen vorbehalten. Dabei hinterläßt die Untersuchung des Uterus bei Mädchen die Erfahrung, daß weibliche Gesundheit bzw. Krankheit etwas im besonderen Maße verborgenes sei. Die zweite Strategie der Heterosexualisierung besteht in der Einkörperung einer sexuellen Relationalität, die Mädchen bzw. Mädchenkörper ausschließlich in bezug auf Jungen konzeptionalisiert. Für Sgier haben die von ihr beschriebenen Praktiken und Diskurse der Kindergynäkologie heterosexualisierende Auswirkungen, da einereits nur Mädchen der Einflußnahme der Kindergynäkologie unterliegen, andererseits das medizinische Interesse eindeutig auf die spätere Reproduktionsfähigkeit des weiblichen Körpers ausgerichtet ist, und somit eine zukünftige heterosexuelle Beziehung antizipiert wird. Dies geschieht, indem die Kindergynäkologie ausschließlich das Weibliche über das Herauspräparieren und Diskursivieren von Körperpartien, zu denen das Männliche keine Ensprechung aufweist, markiert. Wobei auch hier über das Kriterium der Reproduktionsfähigkeit und dem damit verbundenen antizipierten Geschlechtsverkehr der Verweis auf männliche Körper enthalten ist. Ebenfalls bedarf es bei Jungen keiner institutionalisierten medizinischen Überwachung, während hingegen das Mädchen durch die Kindergynäkologie nicht nur quasi per Geschlecht pathologisiert wird, sondern der Mädchenkörper auch noch streng standartisierten Normen entsprechen soll. Somit erfolgt die Einkörperung sexueller Relationalität über die Sexualisierung isolierter Körperpartien, wobei durch das alles bestimmende Kriterium der Fortpflanzung auf ein ergänzendes Männliches hingewiesen wird, auch wenn es nicht explizit erwähnt wird. Gleichzeitig wird dadurch ein Mädchenkörper innerhalb einer Gesundheitsnorm produziert, der sich ausschließlich an Funktionen wie Geschlechtsverkehr und Gebären orientiert[270] und auf diese Weise heterosexualisierend wirkt.

Es läßt sich also sagen, für die Autorin wird nicht einem natürlich gegebenen Körper eine medizinische Institution, unter Verwendung diskursiver- und nicht-diskursiver Praktiken, übergestülpt. Vielmehr wird der Mädchenkörper, im Rahmen des Dispositivs der Kindergynäkologie, im Sinne von Foucault produziert. Ebensowenig liegt die als natürlich gesetzte Heterosexualität schon im jeweiligen kindlich weiblichen Körper begründet, sondern wird durch heterosexualisierende Praktiken, wie z. B. in der Kindergynäkologie, erst erzeugt. Beide Mechanismen zusammen sind konstitutiv für das Dispositiv der Zweigeschlechtlichkeit. Als Lösung für eine Kritik der Macht, die das Dispositiv der Zweigeschlechtlichkeit hervorbringt und auf diese Weise auch die Ungleichheit

---

[270]Vgl. ebenda, 96.

zwischen den Geschlechtern, schlägt sie vor, andere Herstellungsprozesse von Körpern zu entwickeln. Für sie muß Veränderung an der heterosexualisierten Praxis der Körperkonstitution ansetzen, da eine Kritik, die an sozialen Geschlechtsrollen und deren dichotomisierenden Wirkungen ausgerichtet ist, die binäre Struktur des Dispositivs der Zweigeschlechtlichkeit nicht umgestaltet, sondern im Gegenteil zu deren Erhalt beiträgt.[271]

Damit läßt sich folgende Schlußfolgerung ziehen: Auch die Untersuchung der kulturellen Konstruktion der Zweigeschlechtlichkeit am Beispiel der Kindergynäkologie von Sgier, auf der Grundlage von Foucaults Körper- und Sexualitätstheorie, kann als feministisch-poststrukturalistischer Standpunkt verstanden werden. Zugleich kritisiert die Autorin, indem sie Körper und Sexualität denaturalisiert, d. h. beides als Produkt diskursiv/gesellschaftlicher Praktiken versteht, die auf der „sex-gender"-Trennung beruhende bisherige feministische Prämisse zweier natürlich gegebenen Geschlechtskörper. Damit kann Sgier ebenfalls als eine Vertreterin der feministisch-poststrukturalistischen Strömung angesehen werden, die, Foucault rezipierend, Kritik an den Grundlagen bisheriger feministischer Theoriebildung ausübt.

[271]Vgl. ebenda, S. 97-100.

Schlußwort

In den vorangegangenen Kapiteln wurden, angefangen von der an der Sprache ausgerichteten Methodik des Poststrukturalismus, über die Infragestellung bisheriger theoretischer Konzeptionen von Macht durch Foucaults Analyse moderner Machtverhältnisse, bis hin zur Beanstandung der kategorialen Grundlagen herkömmlicher feministischer Theorieprogramme von feministischen Poststrukturalistinnen, viele altvertraute Fundamente feministischer Gesellschaftskritik ins Wanken gebracht.

In Anbetracht dieser Konstellation stellt sich zwangsläufig die Frage nach den positiven, wie auch negativen Konsequenzen der theoretischen Implikationen von Foucaults genealogischen Untersuchungen der Macht, sowie der vom feministischen Poststrukturalismus vorgetragenen Kritik an feministischer Theorie. Aus diesem Grund ist das Hauptanliegen dieses Schlußwortes ein (kurzer) Ausblick auf die Perspektiven der Foucaultschen Analyse der Macht in Verbindung mit der innerfeministischen Theoriekritik des feministischen Poststrukturalismus:

Als eine Bereicherung für gesellschaftswissenschaftliche Forschung, verstanden als kritische Analyse sozialer Mißstände, können sicherlich die theoretischen Implikationen von Foucaults Machtanalyse angesehen werden. Indem der Autor bislang außer acht gelassene Funktionsmechanismen moderner Machtverhältnisse aufzeigt, als deren Schnittpunkte die Sexualität, der Körper, sowie die Formen des Subjektseins fungieren, erhalten gesellschaftliche Machtverhältnisse eine ebenso neuartige wie ungeahnte Tiefendimension. Denn die alltäglichen Mikrostrukturen bzw. Mikropraktiken moderner Machtverhältnisse durchdringen und bringen Menschen hervor, die nicht, wie zumeist angenommen, das Gegenüber der Macht sind, sondern, wie Foucault schreibt, deren erste Wirkung. Diese Mechanismen, in Gestalt diskursiver und nichtdiskursiver Praktiken, sichern damit auf produktive Weise die hegemoniale Stellung moderner Machtverhältnisse. Mit diesen bisher unterschätzten Mikromechanismen moderner Macht kann Foucault somit nicht nur die Permanenz und Penetranz bestehender gesellschaftlicher Verhältnisse erklären, sondern auch die spezifische Eigenart moderner Machverhältnisse. Gleichzeitig eröffnet diese Tiefendimension der Macht einen neuen Bereich kritischer Gesellschaftsanalyse: Wie die genealogischen Studien über moderne Macht zeigen, erstreckt sich das Feld der gesellschaftswissenschaftlichen Forschung von Foucault auf das Gebiet der hegemonial gewordenen Macht-Wissen-Regime, die die semantischen Räume einer Gesellschaft[272], im Sinne einer institutiona-

---

[272]Vgl. *Frankfurter Rundschau* vom 17.9.1996, S. 10.

lisierten Ökonomie des Symbolischen, besetzen und dominieren. Kurz: Der sprachlich-kulturelle Symbolhaushalt einer Gesellschaft wird zum Gegenstand gesellschaftswissenschaftlichen Interesses. Hierin könnte meiner Ansicht zufolge eine Chance liegen, zum einen bislang noch nicht ermittelte Zusammenhänge und Verbindungen moderner Machtpraktiken zu erkunden, um auf diesen Wege den Taktiken moderner Macht begegnen zu können. Zum anderen könnten mit diesem Ansatz an vermeintlich abgeernteten Forschungsfeldern und etablierten Wissenschaftsparadigmen neuartige Aspekte abgewonnen werden.

Ein Beispiel für den innovativen Einfluß von Foucault stellt dabei die Rezeption seines Werkes durch den feministischen Poststrukturalismus dar. Von entscheidender Bedeutung scheint mir hierbei die Problematisierung der geläufigen Prämissen feministischer Theorie. Grundsätzlich formuliert, lautet der Haupteinwand feministischer Poststrukturalistinnen, unter Verwendung von Foucaults theoretischem Konzept, daß die gängigen Kategorien feministischer Theoriebildung, die Kategorie „Geschlecht" und die Kategorie „Frau", als Elemente des hegemonialen Systems symbolischer Repräsentationen, d. h. als Bestandteil der dominanten sprachlich-kulturellen Ordnung zu verstehen sind. Im Zuge dieser innerfeministischen Kritik wird von feministischen Poststrukturalistinnen der geschlechtlich bestimmte Körper, ebenso wie das Subjekt als Produkt des diskursiv-kulturellen Systems moderner Machtverhältnisse problematisiert. Mit anderen Worten: Es findet eine kritische Überprüfung der Legitimationsmuster feministischer Theoriebildung statt. Denn aus diesem Blickwinkel betrachtet, kann weder die Kategorie „Geschlecht" noch die Kategorie „Frau" als unreflektierte Gegebenheit hingenommen werden, sondern es müssen vielmehr die Prozesse und Konstitutionsbedingungen der politischen Kategorienbildung, in bezug auf das hegemonial symbolische Repräsentationssystem einer Gesellschaft, analysiert werden. Damit erschließt sich für feministische Gesellschaftstheorie eine neue Analyseebene, die die bislang ignorierte Tiefendimension moderner Macht, im Sinne von diskursiv-kulturellen Praktiken des jeweiligen Symbolhaushalts einer gegebenen Gesellschaft, zum Forschungsgegenstand hat. Eine solchermaßen vorgenommene Interpretation der gegenwärtigen Position des feministischen Poststrukturalismus würde somit, entgegen bisheriger Befürchtungen, nicht feministische Theoriebildung unterminieren, sondern könnte, sozusagen als vorgeschaltete Reflexionsinstanz, eine kreative Verbindung mit bisherigen feministisch theoretischen Ansätzen eingehen. Gerade in der sprachlich-kulturellen Ausrichtung dieser feministischen Strömung könnte, meiner Meinung nach, die Chance bestehen, zu überprüfen, ob und inwieweit sich feministische Theorie im Rahmen der hegemonialen

Diskursformationen bewegt, oder ob sie dem Bestehenden tatsächlich entgegenzuwirken vermag.

Gleichwohl sollen an dieser Stelle auch nachteilige Aspekte der feministisch poststrukturalistischen Kritik am hegemonialen feministischen Theoriemodell nicht verschwiegen werden. Im wesentlichen handelt es sich hierbei um die in den vorherigen Kapiteln erwähnten Alternativvorschläge des feministischen Poststrukturalismus gegenüber den herkömmlichen Kategorien feministischer Theorie. So besteht die derzeitige politische Forderung des feministischen Poststrukturalismus in der Dezentralisierung und Pluralisierung der Kategorien, um die Heterogenität der sozialen Lebenswelten und damit die Differenz unter Frauen, ebenso wie die unterschiedlichen Formen von Sexualität berücksichtigen zu können. Ziel dieser Forderung ist die demokratische Präsenz der Verschiedenartigkeit von Frauen.

Auch wenn das politische Anliegen durchaus berechtigt ist, und womöglich erstmalig zumindest eine theoretische Konzeption vorliegt, die Differenz unter Frauen begrifflich zu erfassen, vermag ich in diesem Ansatz keinen praktikablen Automatismus zu erkennen, der auch tatsächlich zur demokratischen Gleichberechtigung führt. Dezentralisierung und Pluralisierung als alleiniges Programm führt weder unweigerlich zur Demokratisierung feministischer Politiken und damit zu einer demokratischen Präsenz aller Frauen in feministischer Theorie und Praxis, noch zur sozialen Gleichstellung von Frauen in der Gesellschaft. Insofern ist dieser Einwand als ein Plädoyer zur Verknüpfung feministisch poststrukturalistischer Theorieansätze mit „traditionellen" feministischen Sozial- und Gleichberechtigungspolitiken zu verstehen, da meiner Ansicht zufolge nur eine erfolgreich durchgesetze feministische Gleichberechtigungspolitik, die zumeist im Sozialen wurzelnde Ungleicheit, auch unter Frauen, zu beseitigen vermag.

Literaturverzeichnis

Alternative, Schwerpunkt „Strukturalismus-Diskussion", 54/1967.

Amborn, H., Strukturalismus. Theorie und Methode, S. 331-359, in: Fischer H. (Hg.), *Ethnologie-Einführung und Überblick*, Berlin 1988.

Bahr, E., *Was ist Aufklärung*, Stuttgart 1992.

Bathes, R., *Mythen des Alltags*, Frankfurt 1993.

Benhabib, S., *Selbst im Kontext*, Frankfurt 1995.

Benhabib, S., Butler, J., Cornell, D., Fraser, N., *Der Streit um Differenz*, Frankfurt 1993.

Beyme von, K., *Theorie der Politik im 20. Jahrhundert*, Frankfurt 1992.

Bierich, N., Foucault und Japan, in: *Deutsche Zeitschrift für Philosophie*, 4/1994.

Bogdal, K. M. (Hg.), *Neue Literaturtheorien*, Opladen 1990.

Bourdieu, P., Passeron, J. C., Soziologie und Philosphie in Frankreich seit 1945, S. 496-551, in: Lepenies, W. (Hg.), *Geschichte der Soziologie*, Band 3, Frankfurt 1981.

Bowie, M., *Lacan*, Göttingen 1994.

Breuer, S., Foucaults Theorie der Disziplinargesellschaft, in: *Leviathan*, 3/1987.

Brügmann, M., Kublitz-Kramer, M., *Textdifferenzen und Engagement*, Pfaffenweiler 1993.

Bührmann, A., *Das authentische Geschlecht*, Münster 1995.

Bublitz, H., Macht-Diskurs-Körper-Leben, in: *metis*, 1/1993.

Butler, J., Variationen zum Thema Sex und Geschlecht, S. 56-79, in: Nunner-Winkler, G. (Hg.), *Weibliche Moral*, Frankfurt /New York 1991.

Butler, J., *Das Unbehagen der Geschlechter*, Frankfurt 1991.

Butler, J., Ort der politischen Neuverhandlung, S. 10, in: *Frankfurter Rundschau* vom 27.7.1993.

Butler, J., Notwendige Fehler, S. 48-55, in: *heaven sent*, Heft 13/1994.

Butler, J., Let's talk about gender, S. 45-51, in: *Stadtrevue*, Nr. 2, Köln 1995.

Butler, J., *Körper von Gewicht*, Berlin 1995.

Cixous, H., *Die unendliche Zirkulation des Begehrens*, Berlin 1977.

Cixous, H., *Weiblichkeit in der Schrift*, Berlin 1980.

Dane, G., Eßbach, W., Karpenstein-Eßbach, C., Makropoulos, M., (Hg.) *Anschlüsse, Versuche nach Michel Foucault*, 1986.

Deleuze, G., *Foucault*, Frankfurt 1995.

Deleuze, G., *Woran erkennt man den Strukturalismus*, Berlin 1992.

Derrida, J., *Grammatologie*, Frankfurt 1990.

Derrida, J., *Die Schrift und die Differenz*, Frankfurt 1989.

Descombes, V., *Das Selbe und das Andere*, Philosphie in Frankreich 1933-1978, Frankfurt 1981.

Dreyfus, H., Rabinow, P., *Michel Foucault*, Weinheim 1994.

Ecker, G., *Differenzen*, Dülmen 1994.

Engelmann, P., *Postmoderne und Dekonstruktion*, Stuttgart 1990.

Engelmann, P., *Philosophien*, Wien 1985.

Erdmann, E., Forst, R., Honneth, A. (Hg.), *Ethos der Moderne-Foucaults Kritik der Aufklärung*, Frankfurt/New York 1990.

Eribon, D., *Michel Foucault*, Frankfurt 1993.

Facetten feministischer Theoriebildung, Materialienband 14: Zur Krise der Kategorien, Frankfurt 1994.

Feministische Studien, Kritik der Kategorie Geschlecht, 2/1993.

Fink-Eitel, H., *Foucault zur Einführung*, Hamburg 1992.

Förderverein Gruppentherapie: *Sexualität, Begehren, Metapher*, Münster 1991.

Foucault, M., *Psychologie und Geisteskrankheit*, Frankfurt 1968, (Original 1954).

Foucault, M., *Wahnsinn und Gesellschaft*, Frankfurt 1993 (Original 1961).

Foucault, M., *Schriften zur Literatur*, Frankfurt 1993, (Artikel im Original von 1962-1969).

Foucault, M., *Die Geburt der Klinik*, Frankfurt 1993, (Original 1963).

Foucault, M., *Von der Subversion des Wissens*, Frankfurt 1991, (Artikel im Original 1963-1973).

Foucault, M., *Die Ordnung der Dinge*, Frankfurt 1991, (Original 1966).

Foucault, M., *Archäologie des Wissens*, Frankfurt 1992, (Original 1969).

Foucault, M., *Die Ordnung des Diskurses*, Frankfurt 1991, (Original 1972).

Foucault, M., *Überwachen und Strafen*, Frankfurt 1992, (Original 1975).

Foucault, M., *Vom Licht des Krieges zur Geburt der Geschichte*, Berlin 1986, (Original 1976).

Foucault, M., *Der Wille zum Wissen*, Frankfurt 1991, (Original 1976).

Foucault, M., Leben machen und sterben lassen, in: Reinfeld, S., Schwarz, R. (Hg.), Bio-Macht, *DISS-Texte*, Nr. 25, 1992, (Original 1976).

Foucault, M., *Dispositive der Macht*, Berlin 1978, (Artikel im Original 1976-1977).

Foucault, M., *Von der Freundschaft*, Berlin o. J. (Artikel im Original von 1976-1984).

Foucault, M., *Was ist Kritik?*, Berlin 1992, (Original 1978).

Foucault, M., Der sogenannte Linksintellektuelle, in: „Alternative", Nr. 119/1978.

Foucault, M., *Der Staub und die Wolke*, Bremen 1993, (Original 1978).

Foucault, M., *Das Wahrsprechen des Anderen*, Frankfurt 1988, (Original 1983/1984).

Foucault, M., *Die Sorge um sich*, Frankfurt 1991, (Original 1984).

Foucault, M., *Der Gebrauch der Lüste*, Frankfurt 1991, (Original 1984).

Foucault, M., Martin, R., Martin, L., Paden, W., Rothwell, K., Gutman, P., Hutton, P. (Hg.), *Technologien des Selbst*, Frankfurt 1993.

Frank, M., *Was ist Neostrukturalismus?*, Frankfurt 1984.

Fraser, N., *Widerständige Praktiken. Macht, Diskurs, Geschlecht*, Frankfurt 1994.

Geulen, C., Große Erzählung oder Diskursanalyse?, in: *Frankfurter Rundschau* vom 17.9.1996.

Haas, E. (Hg.), *Verwirrung der Geschlechter*, München 1995.

Habermas, J., *Der philosphische Diskurs der Moderne*, Frankfurt 1991.

Habermas, J., *Die Moderne-ein unvollendetes Projekt*, Leipzig 1994.

Habermas, J., Genealogische Geschichtsschreibung. Aporien im Denken Foucaults, in: *Merkur*, Heft 7, 1984.

Haraway, D., Lieber Cyborg als Göttin, S. 66-85, in: *Argument-Sonderband* 105.

Hark, S., Einsätze im Feld der Macht, S. 9-18, in: *L'homme*, 1/1993.

Hauser, K. (Hg.), *Viele Orte. Überall?*, Hamburg 1987.

Hesse, H., Denken in der Leere des verschwundenen Menschen, in: *Konkursbuch* 3, Tübingen 1979.

Hey, B., *Women's History und Poststrukturalismus*, Pfaffenweiler 1995.

Honegger, C., *Die Ordnung der Geschlechter*, Frankfurt/New York 1991.

Honneth, A., *Kritik der Macht*, Frankfurt 1994.

Hügli, A., Lübcke, P. (Hg.), *Philosophie im 20. Jahrhundert*, Band 1, Hamburg 1992.

Huyssen, A., Scherpe, K. R. (Hg.), *Postmoderne*, Hamburg 1993.

Institut für Sozialforschung (Hg.), *Geschlechterverhältnisse und Politik*, Frankfurt 1994.

Irigaray, L., *Das Geschlecht das nicht eins ist*, Berlin 1979.

Irigaray, L., *Speculum*, Frankfurt 1980.

Keitel, E., Weiblichkeit und Poststrukturalismus, S. 149-167, in: *Amerikastudien*, 2/1988.

Kimmerle, H., *Derrida-Zur Einführung*, Hamburg 1988.

Kittler, F. (Hg.), *Austreibung des Geistes aus den Geisteswissenschaften*: Programme des Poststrukturalismus, München 1980.

Knapp, G. A., Wetterer, A., *Traditionen, Brüche*, Freiburg 1992.

Kögler, H. H., *Michel Foucault*, Stuttgart 1994.

Kremer-Marietti, A., *Michel Foucault.* Der Archäologe des Wissens, Berlin/Wien 1976.

Kristeva, J., *Die Revolution der poetischen Sprache*, Frankfurt 1978.

kulturRevolution, Nr. 17/18, 1988, Schwerpunkt: Diskurs, Macht, Hegemonie.

Lacan, J., *Das Seminar I*, Weinheim/Berlin 1990.

Lacan, J. *Das Seminar II*, Weinheim/Berlin 1991.

Lacan, J., *Schriften I*, Olten 1973.

Lacan, J., *Schriften II*, Olten 1975.

Lacan, J., *Schriften III*, Olten 1980.

Landweer, H., Herausforderung Foucault, in: *Die Philosophin*, 7/1993.

Laqueur, T., *Auf den Leib geschrieben*, Frankfurt 1992.

Levi-Strauss, C., *Strukturale Anthropologie*, Frankfurt 1989.

Levi-Strauss, C., *Das Wilde denken*, Frankfurt 1992.

Lindemann, G., Die leiblich-affektive Konstruktion des Geschlechts, S. 331-346, in: *Zeitschrift für Soziologie*, 5/1992.

Lindemann, G., *Das paradoxe Geschlecht*, Frankfurt 1993.

Lindemann, G., Der Körper und der Feminismus, S. 10, in: *Frankfurter Rundschau* vom 16.6.1993.

Lindhoff, L., *Einführung in die feministische Literaturtheorie*, Stuttgart 1995.

List, E., *Die Präsenz des Anderen*, Frankfurt 1993.

Lorey, I., *Immer Ärger mit dem Subjekt*, Tübingen 1996.

Lyotard, J. F., *Das postmoderne Wissen*, Wien 1986.

Maihofer, A., *Geschlecht als Existenzweise*, Frankfurt 1995.

Marti, U., *Michel Foucault*, München 1988.

Martin, B., Weiblichkeit als kulturelle Konstruktion, S. 210-216, in: *Das Argument*, 138/1983.

Meyer, U., *Einführung in die feministische Philosphie*, Aachen 1994.

McIntosh, M., Der Begriff Gender, S. 845-861, in: *Das Argument*, 190/1991.

Moi, T., *Sexus, Text, Herrschaft*, Bremen 1989.

Müller, J. M., Reinfeld, S., Schwarz, R., Tuckfeld, M. (Hg.), *Der Staat in den Köpfen*, Mainz 1994.

Nagl-Docekal, H., Geschlechterparodie als Widerstandsform, S. 12, in: *Frankfurter Rundschau* vom 29.6.93.

Nagl-Docekal, H., *Feministische Philosphie*, Wien 1994.

Neue Rundschau, *Den Körper neu denken*, Heft 4, 1993.

Pagel, G., *Lacan-Zur Einführung*, Hamburg 1989.

Pasero, U., Braun, F., *Konstruktion von Geschlecht*, Pfaffenweiler 1995.

Die Philosphin, Themenheft: Subjekt, 4/1991.

Die Philosophin, Themenheft: Körper, 10/1994.

Die Philosophin, Themenheft: Provokation Politik, 11/1995.

Rippl, G. (Hg.), *Unbeschreiblich Weiblich*, Frankfurt 1993.

Rödig, A., Geschlecht als Kategorie, S. 105-113, in: *Feministische Studien*, 1/1992.

Saussure de, F., *Grundfragen der allgemeinen Sprachwissenschaft*, Berlin 1967.

Sawicki, J., Foucault, Feminismus und Identitätsfragen, in: *Deutsche Zeitschrift für Philosphie*, 4/1994.

Schiwy, G., *Der französische Strukturalismus*, Hamburg 1984.

Schiwy, G., *Poststrukturalismus und „Neue Philosophen"*, Hamburg 1985.

Schneider, U. J., Eine philosophische Kritik. Zur amerikanischen und französischen Rezeption Michel Foucaults, in: *Zeitschrift für philosphische Forschung*, Band 42, Heft 2/1988.

Schwarz, R., *Aspekte einer neuen Machttheorie*. Michel Foucault, Mainz 1991.

Spivak, G., *In Other Worlds: essays in cultural politics*, New York/London 1987.

Taureck, B., *Französische Philosphie im 20. Jahrhundert*, Hamburg 1988.

Tepe, P., *Postmoderne, Poststrukturalismus*, Wien 1992.

Vinken, B. (Hg.), *Dekonstruktiver Feminismus*, Frankfurt 1992.

Vinken, B., Geschlecht als Maskerade, S. 10, in: *Frankfurter Rundschau* vom 4.5.1993.

Visker, R., *Michel Foucault*, München 1991.

Weber, I. (Hg.), *Weiblichkeit und weibliches Schreiben*, Darmstadt 1994.

Weedon, C., *Wissen und Erfahrung*, Zürich 1990.

Weedon, C., Poststrukturalismus und Feminismus, S. 25-43, in: *Facetten feministischer Theoriebildung*, Materialienband, 11/1992.

Weigel, S. (Hg.), *Flaschenpost und Postkarte*, Köln 1995.

Weimann, R., Gumbrecht, H. U., Wagner, B., *Postmoderne-globale Differenz*, Frankfurt 1992.

Wobbe, T., Lindemann, G., *Denkachsen*, Frankfurt 1994.